De 0 a 100: Historia de una Franquicia
Tercera edición corregida y aumentada
Lic. Gustavo González Bernal

ÍNDICE

1 Dedicatoria 5

2 Introducción 10

3 Presentación 11

4 El inicio de **inglés individual**® 18

5 Chihuahua 27

6 Delicias 29

7 Torreón 32

8 Tijuana 34

9 Franquicias 35

10 Primer Franquicia, Hermosillo 38

11 El Boom! 40

12 Nuestra Editora 43

13 Marco Jurídico 48

14 Colaboradores 60

15 Relación Franquiciante-Franquiciatario 67

16 Clínica de Ventas 75

17 Anecdotario 78

18 Las Convenciones 81

19 **Inglés Individual Network®** 94

20 **International English School®** 103

21 Lo que Sigue... 105

1 Dedicatoria

A mi esposa Teresa de Jesús Prieto Lechuga:

Tere: a quién podría dedicar este libro si no a ti?, tu fuiste la primer persona que me dijo que tenia que escribir el libro de la historia de la empresa, y desde que empecé a escribirlo no hiciste otra cosa que animarme a terminarlo, hoy que por fin lo terminé no puedo mas que darte las gracias por tu apoyo y no nada mas en este proyecto, sino en tantos otros, o más bien hemos realizado todos los proyectos juntos... te amo Chorreada.

Demos gracias a Dios

Rebecca, Isaac y Paulina:

Doy gracias a Dios también, por lo que nos permitió darles e inculcarles, por ustedes lo intentamos todo y nuestros logros son gracias a ustedes, los quiero hijos. Dios los bendiga siempre.

A nuestros socios, una buena relación se logra poniendo delante a Dios y el amor a la familia:

César y Mary

Juan José y Luly

A la segunda generación, Tienen ya la estafeta

Rebecca, Isaac, Paulina

Nathalia, Pablo, Victoria

Andrés, Andrea, Juanjo, Danny, Quebec

A la tercera generación, despertaron en nosotros un sentimiento que no creíamos que existía.

Gabriel, Lucas, Gabriel, Leonel, Clara, Catalina, Agustina, Fátima

2 Introducción

En "De 0 a 100, Historia de una Franquicia" presento la historia de un sueño, además comparto la experiencia que representó llegar a 100 unidades. Aciertos, errores, traiciones, amenazas, oportunidades, todo representa un conocimiento que, al mismo tiempo, trato de transmitir pensando en que este libro sirva para aquellos emprendedores que tienen un negocio exitoso y quieren convertirlo en franquicia para un crecimiento acelerado. La empresa inicia en el sistema de franquicia 8 años después de haber iniciado operaciones, la matriz en Cd Juarez y sucursales en Chihuahua, Torreón y Tijuana. En la mitad de ese tiempo, es decir, en solo 4 años, se logró llegar a 100 unidades. Se pasaron por muchos obstáculos que tuvimos que superar, logrando en 1999 el reconocimiento de la revista Entrepreneur como la segunda franquicia de mayor crecimiento en México, solo abajo de PEMEX® ésta es la historia de cómo fuimos de 0 a 100, ésta es la historia de **inglés individual**® ...

3 Presentación

Hola soy Gustavo González Bernal, nací en 1961 en Monterrey, Nuevo León. Siempre me gustaron las ventas, aunque terminé la carrera de Licenciado en Contaduría en el Instituto Tecnológico Regional de Cd. Juárez en 1984. Recuerdo que en esas fechas, mi tío Luis Bernal, uno de mis mentores, me preguntó, -Oye Gustavo, terminaste tu carrera de Contador?- si, le contesté, -pero no te has titulado!- no tío, todavía no,-a ok, ya la hiciste-.

Mi primera experiencia en ventas fue cuando tenía como 12 o 13 años, mi tío José Bernal (el tío Pepe) que en esa época vendía de todo: palmas benditas (a peso), zapatos, libros, cursos de inglés, etc. en ese tiempo andaba vendiendo deodorizantes para refrigerador (o desodorantes?, él le decía deodorizantes) que se llamaba "Imán" y me invito a venderlo, me dijo vale 14 pesos tú te ganas 4 y a mí me das 10, me explicó la charla, que estaba hecho de carbón activado, que se regeneraba con agua salada y podía servir para toda la vida, que absorbía los malos olores del refrigerador, etc. y me puse a venderlo, recorrí casa por casa todo el barrio, después de recorrer como tres cuadras, o sea unas 30 charlas, me encontré afuera de una carnicería a un repartidor de carne y le ofrecí el producto, recuerdo que me dijo: vas a ser muy buen vendedor, debió ser por el entusiasmo que traía, no lo sé, yo lo veía más bien como un juego y la verdad me había divertido bastante, el sr. me dijo "te voy a comprar uno" y me lo compró a 12 pesos o sea que nada más me gané 2, en fin esa fue mi primer venta, también fue la primera regla que aprendí: "Caerle bien al prospecto", mi abuelo Gustavo Bernal diría: "el vendedor debe ser como una monedita de oro, que a todo el mundo le caiga bien". Mi segunda experiencia en ventas y la segunda regla de las ventas que aprendí fue, bueno, antes que eso, toda mi vida desde que recuerdo el curso de inglés ha girado a mi rededor, el tío Lalo (Gerardo Bernal, hermano de mi madre) cuando yo tenía 4 o 5 años, ensayaba la charla conmigo, o sea el curso, las ventas, el campeón, el mejor gerente, todo eso ha estado en mi entorno toda mi vida.

Cuando decido entrar a ventas en una etapa de necesidad en la casa, a mi papá le había fallado un negocio, se trataba de una almacén de ropa, se llamaba Almacenes La Escalera, justamente estaba en la esquina de la Avenida Juárez y Calle Aramberri, desde luego en Monterrey, precisamente este cruce es el que divide a la ciudad en Norte, Sur, Oriente y Poniente, o sea se encontraba, literal, en el mero centro de Monterrey, justo en contra-esquina del Mercado Juarez, actualmente hay una plaza comercial muy grande, le agregaron 3 pisos de estacionamiento, solo que era un segundo piso, cuando abrimos, y digo abrimos porque nos metimos de lleno a ese negocio, recuerdo que no teníamos mucha clientela, la gente no subía, estábamos Tino, dos empleadas de mostrador y yo solos esperando que alguien subiera, se acercaba la temporada navideña y nada! un día de esos, llega el tío Pepe a saludarnos y conocer la tienda, cuando le platicamos el problema nos dice, -y eso qué? Gustavo, Agustin acompáñenme abajo-, bajamos las famosas escaleras, y empezó a hacerla de gritón:

"Pásele,Pásele" "Almacenes La Escalera" "suba unos cuantos pasos y pague unos pesos menos"

En 20 minutos llenó la tienda de gente, allí me di cuenta de la importancia de la prospección, logramos pasar la temporada navideña con muy buenas ventas, incluso hasta llevaron unos disfraces de Santa Claus, Mickey y Tribilín, recuerdo que yo del de Santa y Mickey hice uno solo y es con el que la hacia de Gritón, el Tío Pepe nos siguió ayudando creo que hasta navidad, recuerdo que mi Tío Gustavo, que era socio de la tienda, empezó a decirme Mickey como apodo haciendo alusión al disfraz, y toda la vida así me dijo. Después de la temporada navideña, como es natural, bajó la venta, por mas que nos manteníamos abajo, invitando a la gente a subir la famosa escalera, ya no se lograron resultados favorables y se decidió cerrar la tienda. Mi papá se asoció con otra persona para abrir otra tienda que por el rumbo de la colonia Independencia, pero no se llegó a abrir, fue cuando mi papá decide irse a buscar suerte a Los Angeles y agarra el carro y se arranca, solo nos dijo que iba a Los Angeles a buscar el sueño americano, que nos pusiéramos a trabajar porque no sabia cuando nos iba a mandar dinero, llego de pasada o como escala a El Paso,TX a pasar unos días con un primo, y ya no se fue de El Paso, la historia es mas larga, pero fue como nosotros llegamos a Cd Juarez, justamente en 1978.

Pero les decía sobre mi segunda experiencia en ventas, en esta etapa en que mi papá se va a Los Angeles y teníamos que ponernos a chambear, le digo a mi Papá Tavo o sea mi abuelo Gustavo Bernal, que me enseñara a vender, me había dado trabajo de chofer, me pagaba el mínimo, me la pasaba todo el día aprendiendo de sus experiencias, yo pensaba que sabiendo vender iba a triunfar porque él mismo me había inculcado, bueno él y mi papá creo que ellos dos junto con el tío Pepe fueron mis maestros en este negocio, en ese momento mi papá Tavo le dijo a mi tía Esperanza la esposa de mi tío Pepe: "Pera (así le decimos) quiero que le enseñes a vender a este muchacho, me acuerdo que mi tío Gustavo me decía "te doy una semana de vida" y mi papá Tavo le contestó: "es tan fácil como tomarse un vaso con agua". Y me fui a vender el "Three Way Method to English" que en aquel entonces se vendía autodidacta, el tío Pepe que trabajaba en laboratorios Upjohn (hoy Pfizer) como visitador médico, nos dejó a mi tía y a mí en una colonia cercana a Monterrey por el rumbo de Santa Catarina, estuvimos todo el día tocando puertas logrando dar algunas charlas y nada, ahí llegó la segunda lección que aprendí en ventas, me dijo el tío Pepe: "ya aprendiste algo importante, aprendiste cuando **no** se vende, te falta aprender cuando **sí** se vende" yo tenía 16 años.

Creo que realmente quien me vendió la profesión de las ventas fue mi abuelo el Ing. Gustavo Bernal, de hecho, mi primer trabajo fue con él, como les comenté, me contrató como su chofer así que convivimos algún tiempo, no recuerdo cuanto. Él llegó a Monterrey recién graduado de la UNAM de hecho tiene el título número 1 de la Facultad de Ciencias Químicas, llegó como químico de la Secretaria de Salubridad, después fue maestro en la U de NL y en ese tiempo se empezó a dedicar a las ventas vendiendo equipo de tratamiento de agua para Aqua-Mex y antes para Jacuzzi Universal, durante la Segunda Guerra Mundial siendo Ingeniero Químico fabricaba chicle en Monterrey y todo lo exportaba al mercado de Estados Unidos que estaba en guerra y todo se les iba en fabricar artículos de guerra como armamentos, uniformes, etc. Mi abuelo hizo mucho dinero con ese negocio hasta que descubrieron una sustancia química, que sustituía al de la planta del chicle y ya no le siguieron comprando el famoso Chicle Gumex, también vendió suavizadores de agua que él mismo los había inventado, patentado y fabricado. Es autor de famosa frase:

"El vendedor escribe su propio cheque, es su propio amo, se fija sus propias metas; no está sujeto ni a un mando ni a un salario ni a un horario; es libre como el pájaro en el aire." Y esta que le dió el nombre a uno de los reconocimientos mas emblemáticos que tenemos en la empresa: "El banquete del Éxito está servido, tienes tu invitación." en fin fue un legado enorme lo que deja mi abuelo que creo que tendría que escribir un libro aparte, pero sobre todo, para mi, inculcarme el gusto por la fabulosa profesión de las ventas, tanto que decidí dejar mi carrera de Contador por las ventas, gracias Papá Tavo.

Cuando terminé mi carrera, como es lógico, me ofrecieron trabajo en un despacho de auditoria (PWC), mejor dicho, pedí chamba y me la dieron, precisamente iba a iniciar un curso de capacitación en Monterrey la siguiente semana, yo estaba muy contento, y cuando llego a la casa para dar la gran noticia, mi padre me dice: "Piénsalo un poquito, mira, a tus hermanos (Julio César y Juan José) les está yendo muy bien con el video club, necesitan un contador, alguien que les ayude a administrar el negocio...". Este negocio del Videoclub, los que deben recordar esa época de 1980 en adelante fue el boom de la industria del video, la famosa Betamax y después el formato VHS, era mágico que pudiéramos grabar una película que pasara en la tele y después verla, como dicen ahora, cuando quieras y donde quieras. En aquel entonces no había alguna ley (o al menos no la conocíamos) que protegiera a los productores de películas en contra de la piratearía, Julio y Cacho (y después yo) compraban los VHS en blanco, grababan películas que las rentaban en los videclubes de El Paso, TX. Al principio se rentaban en la casa y al poco tiempo ya le tenían un espacio rentado a mi papá en su oficina, en el tiempo que decidí asociarme con ellos y dejar mi trabajo en PWC, estaban con el proyecto de abrir una sucursal, la cual abrimos al poco tiempo. No recuerdo cuanto me ofreció mi papá pero era un sueldo superior a lo que iba a ganar en PWC y ademas el 20% de las acciones, no me podía negar por ningún lado, era mejor ingreso y ademas ya me convertía en empresario y, desde luego ayudar a mis hermanos.

    Aunque el trabajo como contador era lo que realmente quería, preferí renunciar y quedarme en un negocio propio y familiar, al día siguiente, que debería recoger mi boleto de avión a Monterrey donde estaría una semana en capacitación, más bien fui a renunciar, recuerdo que les dije que había surgido un inconveniente y que no podía iniciar el trabajo, en fin fue una decisión que creo cambió mi vida, por eso siempre he repetido esta frase de Thomas Alva Edison que no recuerdo donde la escuche por primera vez pero ya la hice mía:

> **"Toda persona debe decidir, por lo menos una vez en la vida, si se lanza a triunfar, arriesgándolo todo, o se sienta a contemplar el paso de los triunfadores"** ...

Todo iba bien en los dos Video Clubs, tan bien que se empezaron a abrir Video Clubs por todo Juárez, incluso nos llegaron a decir que fueron los primeros en todo México. Empezamos a ver que bajaban los ingresos y como que ya no lo veíamos tan estable. Había entrado ya una empresa de Televisa que se llamó VideoCentro. Fue en un viaje a Panamá que hice para visitar a mis papás y hermanos que vivían allá donde surge la idea de abrir una escuela de inglés en Cd. Juárez...

4 EL INICIO DE inglés individual®

Mi tío Luis Bernal había abierto un instituto de inglés en Panamá con el mismo concepto que manejaban en Venezuela, es decir sin traducciones, gramática práctica, servicio de profesorado con horarios flexibles, grupos reducidos, garantía de aprendizaje, etc.

Cuando a mi papá se le acaba el negocio en Ciudad Juárez, decide vender la casa y con ese capital le compra el instituto de Panamá a mi tío Luis y se van a vivir allá mis papás y mis hermanos Chelis y Octavio. Se reúnen con Hugo, que trabajaba para mi tío Luis en Venezuela y estaba como administrador en el instituto de Panamá. Y con mi hermano Agustín que se lo había llevado mi tío Gustavo a Panamá cuando terminó su carrera de LAE. Cuando yo llego a Panamá de vacaciones, me impactó mucho el negocio ya que vi mucho dinero en la casa, todos con carro del año, salidas diarias a comer a los mejores restaurantes de Panamá, etc. junto conmigo llegó el tío Pepe contratado por mi papá y Hugo para que les ayudara en ventas, yo siempre los acompañaba y me empezó a gustar el proceso de contratación, entrenamiento, motivación y dirección, allí aprendí esta frase:

Lo que debe aprender un gerente para ser un buen gerente es: Contratar, entrenar, motivar y dirigir.

Esa contratación la hicieron, mi tío Gustavo Bernal (el More),quien fungía como Gerente Divisional, Agustín mi hermano, Gerente Distrital, Hugo Luna (un gerente que habían traído de Venezuela) y el Sr. José Bernal (el tío Pepe), yo dije, esto es lo mío. Me pasaba horas viendo todo el trabajo en el instituto, veía que había un promedio de ¡85 ventas mensuales!, me acuerdo que no dije nada ni le comenté a nadie lo que había pensado hasta que regresé a Juárez.

A la primera que le comenté mi plan fue a la señorita Tere Prieto Lechuga, mi novia (en adelante Tere) recuerdo que al principio no le gustó la idea de dejar los video clubs, ella trabajaba con nosotros, porque iban muy bien, pero me imagino que cuando vio mi determinación decidió apoyarme en el proyecto, y me dijo: a ver que te dicen tus hermanos".

Cuando hablo con César y Cacho, obvio que no entendían el negocio, ambos habían ido a Panamá antes pero no se habían metido mucho como lo hice yo, les dije que ellos siguieran operando los video clubs y que yo entraría de lleno al instituto de inglés y siguiéramos en sociedad en los dos negocios.

El primer plan era capacitarme, para lo cual le llamé al tío Pepe, él tenía tres institutos operando uno en Monterrey, otro en Reynosa y otro en Matamoros, le dije que quería abrir un instituto en Juárez y que si no habría problema y que además quería que me capacitara. Le dio mucho gusto y me dijo que contara con él para todo, que lo más sencillo era que me fuera yo a Monterrey a capacitarme y después ya pensáramos en la apertura, en broma me dijo, lo primero que tienes que hacer antes que nada es comprarte una ruleta, y lo hice, pero entendí que lo mas importante o algo de lo mas importante es la motivación.

Fue así como se inicia mi preparación, viajé a Monterrey a conocer el instituto, bueno, realmente ya lo conocía, yo había ido a Monterrey y precisamente a visitar los institutos cuando estaba en 5° semestre de la carrera de Licenciado en Contaduría, el tío Pepe me llamó, que necesitaba un Contador para sus institutos, que fuera a poner orden, que no tenía ningún control, fui como a hacer una auditoria, realmente conocí bien la empresa, pero no sentí que esto fuera lo mío, no sentí lo mismo que cuando fui a Panamá.

Lo primero la junta diaria o Clínica de Ventas como le llamaban, el tío Pepe insistía mucho sobre esto, hoy soy el principal precursor, ahí conocí a Ernesto Hernández, supervisor, quien iría a Juárez junto con el tío Pepe a hacer la primera contratación. Recuerdo que entré de oyente a una contratación para ir aprendiendo, había un grupo grande como de unas 15 personas, ya estaban en entrenamiento, uno de ellos pregunta, que porqué en el segundo nivel son 6 cassettes y en el primero 5, me habían dejado solo con el grupo, y por no quedarme callado recuerdo que les conteste que el cassette 6 era de ejercicios, todos lo aceptaron y no pasó nada, pero cuando regresa Ernesto no sé porque salió a la plática e inmediatamente me desmintió, ¡Ya sabrán la que se armó!. me habían presentado como el gerente de Ciudad Juárez, no como el que apenas iba a abrir Ciudad Juárez, me sentí muy mal, fue el primer "oso" que cometí en mi carrera.

Después nos fuimos a hacer otra contratación a Reynosa, ahí se encontraba el Ing. Villa, en esa contratación ya me dejaron hacer lo que hoy es la oferta de trabajo a una sola persona, en aquel entonces era otro esquema de contratación, en la primer entrevista se hacia la oferta de trabajo, entonces eran como 6 o 7 ofertas de trabajo diario, o sea, muy cansado, recuerdo que al principio que lo tenia que hacer yo solo terminaba exhausto ese primer día.

Fue toda la experiencia que adquirí en ese viaje creo que fue mucha, hubo que cortar el viaje por dos razones: una porque mi tío Pepe tenía que regresar a Monterrey de emergencia porque uno de sus hijos había chocado y la otra porque, mientras, en Ciudad Juárez, Julio César y Mary ya habían rentado local e incluso ya habían iniciado la remodelación y adecuación, esto me hizo cambiar los planes y me dijo el tío Pepe que mejor nos fuéramos todos a Juárez y entre él y Ernesto Hernández me hacían la contratación, y me dejaba el grupo entonces de Monterrey en vez de regresarnos a Reynosa, yo me regresé a Ciudad Juárez para continuar la remodelación y quedé de avisarle cuando ya estuviéramos listos para publicar el aviso. Fue precisamente el 12 de noviembre de 1985 (casualmente el día del cumpleaños de mi papá) cuando se publica el primer aviso en el periódico "El Fronterizo". De esa contratación tengo mucho que contarles, graduamos un grupo como de 18 personas y recuerdo que el lunes o sea el primer día de la junta con los vendedores cuando llegamos Tere y yo recuerdo que había dos vendedores, uno de ellos se llamaba José Alfredo Jiménez (cómo olvidar ese nombre) y la otra era una mujer pero no recuerdo su nombre, los recibimos en la puerta y les preguntamos que cómo le había ido, y me dice José Alfredo: "Muy bien, hicimos dos de contado" dijimos Tere y yo bravo esto empieza bien, pero ya en la junta resultó que eran dos charlas y que las persona habían quedado de pagar ese día, cosa que no sucedió, aprendimos a no creer más que en los contratos con el pago a la vista. Empezamos a trabajar con unos censos que consiguió Ernesto Hernández en la preparatoria de El Chamizal (hoy COBACH19).

La primera venta, ¿cómo olvidarla? la hizo el Sr. Antonio Tiscreño, como para el jueves, o sea a los 4 días de haber iniciado el grupo, a una persona de una licorería que se llamaba "Licores La Alcancía", que ya no existe pero se encontraba por la carretera panamericana justo antes del Aeropuerto. De ese 1er grupo recuerdo al profesor Aragón, quien estableció un récord de seis inscripciones en un día, así empezamos en lo que aquel entonces se llamaba Instituto Panamericano de Estudios Individuales, nuestro primer maestro Gustavo Varela, cuñado de Tere, aunque duró muy poco hizo una gran labor y sentó precedentes para el sistema actual, Jesús Adrián (Pichi para los amigos) en el departamento de Crédito y Cobranza quien además, (junto con Temo, su hermano) había iniciado la remodelación del local, Tere, que cuando abrimos, como no teníamos empleados ella la hizo de recepcionista, siempre ha estado conmigo en esto y nos casamos al siguiente mes de la apertura del instituto, por lo que además es parte importante de esta historia.

Algunas veces, en determinadas ocasiones que les iré contando, he manifestado el hecho de que podría volver a empezar como hace 37 años "Yo empecé solo" gritaba a los 4 vientos, ahora reflexionando sobre todo esto, manifiesto que nadie puede empezar solo algún proyecto, y que realmente no empecé solo. Necesitas por lo menos 2 personas que te ayuden: un coach (así se le dice hoy en día) y un mentor. Mi Coach sin dudarlo Tere Prieto "La Chorreada", un coach es alguien que te impulsa que te apoya, que te dice -no desistas, vamos si se puede, no puedes retroceder porque hay gente que viene siguiéndote-, sin el apoyo de mi Chorreada, no hubiéramos organizado la 1er convención, no tendría mi maestría en Franquicias, ni mi certificación en Derecho Intelectual ni existirían las franquicias, gracias mi amor por ser mi Coach y mi compañera en este proyecto desde 1985.

Mi mentor, ya lo he dicho, el Sr. José de Jesús Bernal mejor conocido como el tío Pepe, un mentor es un experto que te va a enseñar lo que te gusta y quieres emprender, el tío Pepe siempre demostró el deseo de ayudarnos como experto en contratar, entrenar, motivar y dirigir, gracias compadre, Dios te bendiga allá en el cielo.

Siguieron meses regulares, Enero del 86 logramos una producción de 35 ventas, pero de febrero en adelante fue bajando, después entendí por qué, se nos fueron acabando los censos de la prepa del Chamizal y, ante la falta de experiencia en ventas de un servidor, no se trabajó en conseguir más o en alguna forma de prospección adecuada, creo que fue en abril, ya con las ventas muy bajas, poco personal, quedaban dos o tres, entre ellos el supervisor que había hecho la primer venta, Antonio

Tiscareño, el cual andaba muy desmotivado, decía que ya nos habíamos acabado el mercado, que ya la gente no quería aprender inglés, que estaba muy caro, que había mucha competencia, etc., (se saben alguna otra?). No me animé a hacer una contratación yo solo, por lo que le pego el grito al tío Pepe, programamos una contratación, la cual salió muy bien, recuerdo que teníamos como 20 personas en entrenamiento, Tiscareño decía que no quería gente, que perdía tiempo, que él prefería vender personal, "Pero Sr. Tiscareño, son 20 personas, usted va a ganar comisión por cada venta" le decíamos pero no lo convencimos, recuerdo que ese grupo lo graduamos un día antes, porque decidimos Tere y yo llevar al tío Pepe el fin de semana a Ruidoso, N.M., para lo cual les puso de premio que todo el que trajera venta el lunes lo llevaríamos a desayunar y tendría un premio en efectivo, (Así empezaron los Desayunos de Campeones). Los despachamos el jueves en la tarde, los citamos el lunes a las 9:00AM, y nosotros nos fuimos a Ruidoso NM. La verdad no esperábamos que pasara lo que pasó el lunes a las 9:00 am, entraron como unas 6 o 7 ventas de todos calibres, nos fuimos a desayunar casi con todos, recuerdo que también el Sr. Tiscareño, quien había hecho su ventita, y creo que se arrepentía como de sus pecados de haber renunciado como supervisor y de todo lo que había dicho, esto le causó una gran depresión y al poco tiempo salió de la empresa, después regresaría a trabajar a Torreón con Juan José pero sin ningún éxito. El resultado del nuevo grupo nos ayudó mucho, le pusimos un premio al tío Pepe por 30 ventas en la semana el cual se ganó, y se regresó a Monterrey y me dejó otra vez solo con el grupo, ya habíamos reflexionado sobre todos los errores cometidos por la inexperiencia, el grupo estaba muy motivado por lo que seguimos trabajando muy bien, con buena producción. Fue por este tiempo, mayo o junio, cuando mi hermano Julio César, viendo cómo iba el instituto y ante el mal arranque de otro negocio de asesoría en eventos sociales (Barocio) que llevaban él y Cacho, ya que el video club se había vendido al poco tiempo de abrir el instituto, me dice: "oye Gustavo, cuánto me das por cada venta que yo haga?, le contesté: "Mira, te pago toda la corrida de comisiones desde supervisor hasta gerente divisional (yo me quedaba con la comisión de Gerente General) más la comisión por ventas" Lo capacité, se aprendió la charla y quedé de acompañarlo a su primera cita, fuimos pero no encontramos al prospecto, quedamos de regresar a medio día, pero resulta que a la hora que ya teníamos que ir, yo estaba ocupado con uno de los repres y él me hizo la señal de que iría solo, le dije ok, y se fue solo Julio César a su primera charla, cuando regresó yo todavía estaba con el repre y solamente me enseñó el contrato y como su sonrisa era muy grande deduje que había hecho su primer venta, y así fue, incluso recuerdo que fue de contado, Julio desde ese momento destacó ocupando los primeros lugares en ventas y, tal y como se lo prometí fue ocupando puestos desde Jefe de Grupo, Supervisor, Gerente Distrital y Gerente Divisional, ocupando los primeros lugares en cada puesto. Juan José se integra al equipo unos meses después, cuando César entra a **inglés individual**® (IPEI en ese entonces), Cacho se queda solo con el negocio de asesoría de eventos sociales (Barocio), lo maneja muy bien, hace algunos eventos pero, claro, como no le iba tan bien como al Instituto, decidimos cerrar Barocio y unir fuerzas en el instituto, fue así como quedó integrado el equipo completo César y yo en ventas, Tere como gerente administrativa y Cacho como gerente de Crédito, Pichi en Cobranza.

5 CHIHUAHUA

En 1987 ya con el instituto funcionando como Instituto Panamericano de Estudios Individuales, S.A. de C.V. y César trabajando ya con gente como Supervisor, nos propone a Cacho a Tere y a mí abrir una sucursal en Chihuahua, él estaba por casarse con Mary Cruz (hermana de Tere) y quería iniciar su nueva vida también con un instituto, decidimos que se fueran él como Gerente Distrital y Cacho en administración. Se adelantaron para ver locales, lo encuentran precisamente en Vlvd Antonio Ortiz Mena 2800, Lomas del Santuario Chihuahua, Chih., en el Edificio Blanquita justo enfrente de lo que hoy es el Hotel Fiesta Inn, era un local al que había que hacerle todas las divisiones, el presupuesto era limitado y se ofreció a ayudarles un primo de Tere y Mary, Iván Acosta, quien, al poco tiempo también se incorporó en administración como cobrador. La primera contratación se quedó un grupo grande y las ventas iniciaron desde la primera semana. Al poco tiempo decidimos abrir la ciudad de Delicias, en aquel entonces como sucursal, inició bien, pero antes de 2 años bajó la producción y decidimos cerrarla. Recuerdo que en esta época mi papá nos estaba ayudando como administrador en el instituto de Chihuahua (ya que se habían regresado de Panamá) y desde ahí se manejaba Delicias, Cacho se había tomado un año sabático para irse de "mochilazo" a Europa. Fue en esos primeros años en la ciudad de Chihuahua cuando se incorporan Raúl Saucedo, Enrique Beckmann, Carlos Mendívil y Salvador Silvadoray entre otros. Raúl se casó con una de sus compañeras, Rosy Espinoza con quién hasta la fecha continúa operando la franquicia de Cd. Obregón, hoy ya tienen a su hijo Raúl Eduardo trabajando en ventas y, al momento de escribir estas líneas, ya reabrieron Navojoa. Don Enrique Beckmann operó la franquicia de León, Guanajuato hasta su muerte en el 2012, después sus hijas, la vendieron a mi cuñada Julia y su esposo Carlos López.

6 DELICIAS

Bueno, ya lo comenté, Delicias fue realmente la segunda sucursal, se abrió en el tiempo que estaba mi papá como administrador en Chihuahua, cada vez que visitábamos Tere y yo Chihuahua nos dábamos una vuelta a Delicias, Tere asesoraba en administración a Martha, la administradora, yo llegué a trabajar contratando, recuerdo que hicimos varias contrataciones, también nos ayudo Salvador, pero realmente duro poco la oficina, inició muy bien y poco a poco se vino abajo la producción y decidimos cerrarla, después la abriría mi hermano Octavio González (Pavin) ya como franquicia.

El trabajo que yo hacia como gerente en aquel entonces era igual que para los gerentes de hoy, visitar oficinas, estar en Clínica de Ventas, por cierto para mi era importante cuando visitaba oficinas por primera vez o que no conocía la ubicación, desde que iba en el taxi del aeropuerto al hotel, le decía al taxista que pasara por el instituto para ubicarlo y calcular el tiempo, para llegar al día siguiente Tiempo Lombardi. Este concepto de Tiempo Lombardi vale la pena hacer una pausa en lo que les iba a decir sobre el trabajo como gerente, Vince Lombardi la mayoría sabe quien es, fue entrenador de los Green Bay Packers, equipo de futbol americano de la liga de Estados Unidos NFL entre 1957 y 1967 obtuvo nueve victorias en diez partidos de playoffs y cinco campeonatos incluyendo los dos primeros Super Bowls. Su filosofía? Liderazgo, Mentalidad de Hierro y Disciplina, él decía que la misma filosofía que aplicó en los Green Bay Packers se podría aplicar en cualquier empresa, como el equilibrio que debía tener un jugador para ser un buen jugador en tres aspectos: su familia, su religión y los Green Bay Packers (se traduce en tu empresa o lo que hagas para vivir), creo que debes buscar un equilibrio en tu vida en estos tres aspectos, si dedicas mas tiempo a tu trabajo y no el suficiente a tu familia, tu familia se desmorona, este debe ser tu afán. Trabajar "Tiempo Lombardi" se refiere a llegar 15 minutos antes de su cita, el que no llega 15 minutos antes, ya llegó tarde.

Volviendo al tema del trabajo de gerente, creo que aprendi mucho del legado de John W. Clute. Él fue el iniciador del sistema del curso de inglés, es decir, lo que hoy es inglés individual. El Sr. Clute, trabajaba como gerente de ventas vendiendo la enciclopedia Colliers en California, debido a su gran éxito como vendedor, la empresa le ofrece la distribución exclusiva en California o la distribución exclusiva en toda Latino America, era todo un reto ya que la enciclopedia se vendía en inglés únicamente, sin embargo el Sr. Clute acepto el reto, y en muy poco tiempo se convirtió en el mejor distribuidos que tenia la compañía. El primer obstáculo que tenia que vencer era la objeción de que si era en ingles el mercado se limitaba muchísimo si tenia que buscar clientes que hablaran inglés. Qué hizo el señor Clute? Regaló, en la compra de la enciclopedia un curso autodidacta para aprender inglés, se llamaba Living English, al parecer era un curso muy básico (chafo), el Sr. Clute tenia la idea de conseguir un curso mejor, que realmente pudiera aprender inglés quien lo estudiara, todo esto fue por el año de 1964 cuando llegó a su puerta un señor de nombre Ansel Jaramillo, que aunque su nombre era latino, él estudio idiomas en la Universidad de Harvard y había presentado una tesis profesional con un sistema para aprender inglés infalible, el Sistema Natural de Aprendizaje, o sea el mismo método con el que aprendimos nuestro propio idioma... yo no sé que mas le dijo Ansel Jaramillo al Sr. Clute que le vendió los derechos de explotación del curso The Three Way Method to English. Les digo que fue en 1964 porque me toco ver el registro de la obra a nombre del Sr. Clute. Como les comento el curso se regalaba en la compra de la enciclopedia, pero fue teniendo tanta aceptación que el curso se empezó a vender por separado y llegó el momento que se vendía mas que la enciclopedia, al poco tiempo la empresa cambió de nombre por el de Clute International Institute. Al principio se vendía autodidacta, se ofrecía un Servicio de Asesoría Técnica por Teléfono, el alumno podía llamar a un teléfono local para que un maestro lo asesorara con las lecciones, una vez que el alumno se aprendía dos lecciones tenia que llenar un examen que venia al final del libro, mandarlo por correo hasta Los Angeles California, se revisaba y también por correo recibía la calificación y al final el diploma. El brinco a la asesoría técnica en el instituto se dio en la oficina de Colombia, una vez que un alumno estaba llamando al maestro por teléfono, tenia que ir a un teléfono público, casualmente se dio cuenta que el maestro atendía las llamadas justo enfrente de la caseta telefónica!, pidió permiso para verlo en persona y ... el resto se lo pueden imaginar

7 TORREÓN

Al año siguiente de iniciar con la primera sucursal en Chihuahua, Juan José nos propone abrir Torreón, también el principal motivo era que se iba a casar y quería también tener su propio instituto, cuando regresó de Europa mi papá estaba en administración en Chihuahua y él decidió abrir un negocio de hamburguesas en Chihuahua por lo que había permanecido fuera de la empresa. En Torreón ya se batalló menos, teníamos dos institutos operando con muy buena producción por lo que no había problemas de liquidez.

Siempre he dicho que lo más difícil es abrir la segunda unidad, ¿por qué? ¡Porque estas abriendo el doble de las que tenías! Porque ya tienes un esquema de calidad al que te tienes que sujetar, ya de la tercera en adelante es "muy sencillo". Por eso en el sistema de franquicias recomiendo tener abiertas por lo menos 3 unidades, la primera es la realización, empiezas en cero, si te va bien abres la segunda, con grandes esfuerzos como dije, ya con la tercera tienes un esquema adecuado, en algunos casos ya manuales, a partir de allí, dejas el esquema de sucursales y puedes iniciar en el sistema de franquicias. Fue lo que significó para mi la apertura de Torreón.

De Torreón recuerdo las contrataciones en el hotel Paraíso de Desierto. Llegó como supervisor de ventas el Sr. Salvador Silvadoray, hicimos la primera contratación en el Hotel no había llegado gente en toda la mañana, lo que hicimos fue ir a poner un anuncio en radio y con eso esperábamos que se pudiera componer la situación, en la tarde llegaron más de 100 personas, pero todas comentaron que lo habían visto en el periódico, me di cuenta de que las cosas pueden cambiar dependiendo de la gente. Ni en Juárez ni en Chihuahua pasaba esto.

Juan José siguió operando el Instituto por varios años, después lo vendió y se convirtió en franquicia.

8 TIJUANA

Decía que la 2° unidad es la más difícil de abrir, ya la tercera es más fácil porque de dos abres una más. Fue lo que nos pasó en Tijuana, en 1992 realmente no tuvimos problemas para la tercera sucursal ya que mandamos recursos de Juárez, de Chihuahua y de Torreón.

Recuerdo que cuando decidimos abrir la cuarta oficina, estábamos Tere y yo comiendo en un restaurant de Cd. Juárez con Julio y Mary, les compartí mi sueño: "Yo me veo en poco tiempo, subido en mi avión visitando oficinas en todo el país", el sueño se hizo realidad, bueno lo del avión no se hizo pero fue porque Tere es muy nerviosa y no le gustan los aviones, pero Julio César y yo si anduvimos viendo lo de los aviones, de hecho Alex Dey nos quería vender su avión. Analizamos dos ciudades: Hermosillo y Tijuana, escogimos Tijuana debido las conexiones aéreas y por ser frontera. Habíamos escogido para operar la oficina a mi cuñado Sr. Jesús Adrián Prieto como administrador quien no aceptó salirse de Cd. Juárez por lo que decidimos mandar al primo de Tere y Mary, Iván Acosta quien lo hizo tan bien que se convirtió en franquiciatario él y su esposa Mary Carmen. En ventas seleccionamos al Sr. Carlos Mendívil de Chihuahua.

Carlos, que estaba como Gerente Distrital, al poco tiempo se separa de la empresa por "motivos personales", después nos dimos cuenta de que puso su propio instituto, por ser el primero si dolió algo, después "se le vuelve a uno el alma de acero"

9 FRANQUICIAS

En una contratación en Cd. Juárez en 1993, nos avisa a Tere y a mi la gerente que estaba a cargo de la contratación: "Licenciado, ahí está un señor que quiere que le digamos dónde compramos los libros porque quiere abrir una escuela de inglés"... a caray cómo... Fui a hablar con él, me platicó que tenía pensado abrir una escuela de inglés en Nuevo Casas Grandes, Chih. y que le había gustado el curso, que quería convertirse en distribuidor, "no es tan sencillo" le conteste, "esto es todo un sistema y no nada mas son los libros" "A muy bien, entonces estoy dispuesto a llevar el mismo sistema, si quiere yo pongo la inversión y usted el sistema," entonces lo que usted quiere es una franquicia, estamos desarrollando el sistema, si le interesa una franquicia deme unos días, están nuestros asesores a punto de entregarnos los manuales y el contrato. El señor me dio su nombre (honestamente no lo recuerdo), hicimos una cita para unos días más adelante, realmente mencioné eso de la franquicia porque yo ya había oído sobre el tema y se me ocurrió en el momento y dije esta es la oportunidad. Cuando le platiqué a Tere saliendo de la entrevista recuerdo que me dijo "o sea le vas a enseñar el sistema ¿Todo lo que sabes?" pues sí, así es el sistema de Franquicias, platícalo con tus hermanos. Julio César ya estaba operando la sucursal en Chihuahua y Juan José la de Torreón además la 4ta en Tijuana, me fui a la librería más cercana y le pregunté al encargado si tenían algún libro sobre franquicias, se me quedó viendo con cara de "what" y me contestó "no hay", no le hice caso y me puse a buscarlo por secciones y en la sección de finanzas ahí estaba un ejemplar de "Franquiciando en México" de Eduardo Reyes Diaz-Leal, me lo devoré en dos días. Lo que me dejó ese libro además de que fue mi primera lección en el estudio del sistema de franquicias, fue la parte que dice: ¿Cuándo debemos iniciar a franquiciar?

1. Tener por lo menos 3 unidades operando.
2. Por lo menos 5 años de experiencia.
3. Además que alguien te solicite una franquicia...

Nosotros cubríamos los 3 requisitos, entonces me di cuenta de que era el momento.

Cuando le platico esto a Julio César, tal vez si me entendió, pero como que no le vio futuro, eso de que alguien le entre a este negocio con dinero y sin conocerlo, como que no, sin embargo, yo me puse a trabajar en el contrato, para esto se me venía la cita con el señor de Casas Grandes, tuve que llamarle y posponerle unos días más, me dijo que no había problema que esperaría porque le interesaba mucho. A los pocos días me llama Julio César, "oye ya entendí esto de las franquicias, ¿cómo va el asunto con el de Casas Grandes?" Estoy preparando ya el contrato, me falta los manuales, "yo te ayudo" se ofreció de inmediato, "nos vemos mañana en Juárez", llegó al día siguiente y nos estuvimos toda la noche preparando el contrato y los manuales porque tenía la cita con el señor de Casas Grandes al día siguiente, si recordara su nombre lo tendría que mencionar porque fue él quien detonó todo esto sin darse cuenta, aunque como dicen que todo tiene su tiempo tal vez se hubiera presentado otra circunstancia y hubiera pasado lo mismo. El caso es que el señor no llegó a la cita, le llame al teléfono que me había dado y nunca me contesto, para esto yo le había pedido a Marín López, hermano de mi cuñado Alonso que vivía en Nuevo Casas Grandes que, si podía darme datos de él, me dijo que acababa de llegar a la ciudad, que solicitó entrar al Club de Leones pero que le negaron el acceso porque nadie lo conocía. Allí quedó todo esto. me dejó colgado con el contrato y los manuales para la primera franquicia porque jamás lo volví a ver ni a saber de él.

10 PRIMER FRANQUICIA, HERMOSILLO

Cuando se desmorona el Proyecto Casas Grandes, me dice César que ya tenía un cliente para una franquicia, "adelante César" le contesté. Se trataba de Ma. Fernanda Maldonado, una vendedora de Chihuahua, que estaba en los primeros lugares de ventas, cuando se enteró que ya estábamos vendiendo franquicias inmediatamente se acercó a Julio César, querían la franquicia para Hermosillo, ella y su esposo ya estaban listos para abrir, corría 1993. Tere y yo nos trasladamos a Chihuahua para la firma del primer contrato, ya lo teníamos elaborado junto con el manual, que se presentaba en el contrato como Anexo1 con el nombre de "Sistema".

Una vez firmado el contrato Fernanda y Jaime se trasladan a Hermosillo para buscar local, habíamos designado al Sr. Raúl Saucedo, supervisor en Chihuahua, como Gerente Distrital para la primera franquicia de IPEI en la ciudad de Hermosillo, el nombre **inglés individual**® lo adoptaríamos al poco tiempo de iniciar en el sistema de franquicias, es decir las primeras franquicias se vendieron como IPEI.

Para mí esto paso muy rápido, Julio César se queda encargado de todo, cuando le volví a preguntar ya estaba Raúl en la contratación, ¿cómo? Pensé que íbamos a ir nosotros a hacer la primera contratación, pero Raúl había dicho que él podía solo que no nos preocupáramos. Le habían llegado más de 200 personas al aviso, todo había salido bien, después nos contó Raúl que tuvo varios problemas, como que en el lugar donde se hospedaba se les fue la luz, ¡o sea que durmió sin siquiera abanico a más de 40 grados centígrados! Efectivamente, tal y como lo están pensando, en la mañana no pudo planchar, se tuvo que ir al instituto temprano para allá planchar y cambiarse, además en el instituto no les había instalado el aire acondicionado así que se aventó la contratación y el entrenamiento con un calorón tremendo arriba del 43º ya que estaba el salón lleno, a pesar de todos los obstáculos se graduó un grupo grande, esto fue en junio, Hermosillo termina el año en primer lugar nacional, desde el primer mes se hacen más de 100 inscripciones cifra que no se había logrado antes bajo el sistema de sucursales.

11 EL BOOM!

Cuando la gente de Chihuahua y Juárez se dan cuenta de lo que está haciendo sus compañeros en Hermosillo, se desata la solicitud de franquicias, se abren casi simultáneamente Puebla, Culiacán, San Luis Potosí, Aguascalientes, etc. Raúl Saucedo con lo que estaba ganando como Gerente Distrital en Hermosillo había apartado Obregón y al poco tiempo también la abrió. Literalmente se descontroló, se prendió el cerro!, se vendía la franquicia al primero que depositara.

He comentado que el sistema de franquicias es un modelo de negocios que permite el crecimiento acelerado, es decir, no se trata de una fórmula de éxito, sino que debes tener un negocio exitoso para poder franquiciarlo, de otro modo ¿quién te lo va a querer comprar?

inglés individual® fue de 0 a 4 (5 si contamos Delicias que duró muy poco) unidades en 8 años es decir de 1985 a 1993 que es cuando iniciamos en el sistema de franquicias, para el año 2001 es decir en el mismo periodo ya teníamos operando 118 unidades incluyendo Córdoba en Argentina, Santiago de Chile, Houston y Phoenix en USA y San José en Costa Rica. Se me hace interesante comentar un poco qué pasó en cada una de las franquicias otorgadas en el extranjero:

La franquicia de Chile se le otorga al Sr. Juan Manuel Alba, él había iniciado en Chihuahua en el año 1992, su ascenso llego con el inicio de las franquicias ya que después de Raúl Saucedo en Hermosillo es Juan Manuel quien se encarga de las contrataciones iniciales en cada franquicia hasta que compra Aguascalientes y se convierte en franquiciatario junto con su papá, después adquirieron las Franquicias de Zacatecas y Villahermosa también, en algún momento ellos se separan y Juan Manuel se queda en Villahermosa y después se asocia con mi hermano Agustín para abrir Cuernavaca. Esta sociedad dura poco también, Juan Manuel deja solo a Agustín en Cuernavaca, mas adelante les platico la historia de Cuernavaca, siguiendo con América del Sur, en Argentina se va Jorge Luis Medina, que inicia en Aguascalientes contratado por Carlos López, creo que es donde aparece una señora que se dedicaba a hacer prestamos con altas tasas de interés mejor conocidos como agiotistas, Jorge Luis fue uno de los primeros, con eso abre Saltillo, en menos de 3 meses pagó su deuda con la agiotista, también opero algunas franquicias además de Saltillo, le compra Aguascalientes al Sr. Alba, pero qué pasó en Argentina y Chile? Creo que ambos casos se pueden contar por uno solo, Jorge Luis en Santiago de Chile y Juan Manuel no iban enfocados en abrir oficinas, su enfoque fue vender franquicias, invirtieron todo el dinero en oficinas corporativas de lujo buscaron franquiciatarios, creo que se brincaron unos pasos, no conocían el mercado, debieron haber abierto la primer unidad que serviría de prueba hasta lograr tener ventas, abrir otras 2 unidades mínimo y al cabo de mínimo 3 años ya pensar en vender alguna franquicia. Este proyecto fue un fracaso, cuando ambos se regresaron, Jorge Luis había vendido la franquicia de Saltillo a Sergio González quien se dió a conocer en Cuernavaca como gerente, cuando se retira Juan Manuel de la sociedad con Agustín, Sergio se queda en Cuernavaca e inicia con Agustin González una racha desde 1997 haciendo, en promedio, más de 100 inscripciones mensuales, fue una época de mucho auge en la empresa y para Agustín y Mayela que llegaron a tener 2 franquicias en Cuernavaca, Cuautla, Jojutla, etc.

Aquí llegamos al tema de la otra franquicia que se abrió en el extranjero, en Costa Rica pasó algo diferente, se asociaron Agustín González, Octavio González y Sergio Gonzalez, (de Octavio les platico más adelante). Dicen que al ojo del amo engorda el caballo, eso pasó en Costa Rica, un mercado diferente, pero ninguno de los socios se quiso aventurar a ir, aunque los 3 estuvieron en distintas fechas, hizo falta quedarse en el país, conocerlo, persistir hasta lograrlo, se llevaron a un gerente llamado José Luis Rodríguez quien al parecer se quedó en Costa Rica después de cerrar **inglés individual**®.

12 NUESTRA EDITORA

Como ya comenté el **Three Way Method to English** fue con el que iniciamos en 1985, me tocó ver el registro de esta obra en INDAUTOR, data de 1964 y aparece a nombre de John W. Clutte, es decir, el autor intelectual de esta obra fue el Profesor Ansel Jaramillo quien le vendió los derechos de explotación al señor Clutte. Cuentan que, en aquel entonces, se regalaba un curso de inglés llamado Living English en la compra de la Collier's Encyclopedia, esto debido a que la enciclopedia se vendía en inglés y así rebatían la objeción, "en la compra de la enciclopedia le regalamos un curso de inglés para que pueda leerla". Pero este curso era muy malo y el señor Clutte siempre se preocupó por conseguir un curso mejor, y un día llegó a su oficina el Profesor Ansel Jaramillo graduado en la universidad de Harvard, había hecho su tesis profesional basada en el mejor método para aprender inglés, había desarrollado un sistema basado en el mismo método con el que nosotros aprendimos español, sin traducciones, sin gramática teórica, se dedicó a observar cómo va aprendiendo su lengua materna un niño, prácticamente le vendió el curso con esta charla, no se sabe cuánto pago el Sr. Clutte por los derechos de explotación de esta obra, pero a partir de allí todo cambió en la empresa del Sr. Clutte, este curso era tan bueno que subió la venta de enciclopedias incontrolablemente, al poco tiempo se regalaba la enciclopedia en la compra del curso (bueno, así era la charla) después se dejó de incluir la enciclopedia y la compañía cambió de nombre por el de Clutte Institute, a la muerte del Sr Clutte, todo pasa a ser de su esposa, quien, al no conocer el negocio, decide vender a los gerentes que estaban en la empresa, fue así como el tío Luis Bernal se convierte en dueño en Venezuela, en ese entonces el Tío Pepe se encontraba en Monterrey, se había regresado un tiempo atrás, le llama Luis Bernal y le dice que abra en Monterrey, que puede comprar los cursos directamente con el mismo proveedor, así lo hace y mas adelante abre en Reynosa y Matamoros. Y es en esta etapa, entramos nosotros a este negocio, la historia ya la conté.

El siguiente curso fue el Bernal´s English Course, este curso estaba basado en el anterior es decir sin traducciones, sin gramática teórica, al principio lo traíamos de Venezuela, lo editaba mi tío Luis Bernal (de allí su nombre). Buscábamos un curso más moderno o actualizado, sabíamos que el Three Way Method aunque era buenísimo, no lo podíamos actualizar, el editor era el Sr. Echeverria a quien le comprábamos los cursos y no tenía ningún interés en hacerle modificaciones.

A partir de que inician las franquicias en 1993, para nosotros era ya inminente tener nuestro propio curso. Fue así como contactamos al tío Luis para que nos vendiera su curso, nos mandó una muestra, recuerdo que se lo di a mi coordinador de maestros en ese entonces para que nos diera su opinión del curso, a los 3 días le pregunté y me dijo únicamente "está muy bueno" después nos dimos cuenta que en realidad no lo había revisado porque tenía muchos errores y que había que hacerle correcciones, el tío Luis tenía un stock grande de cursos en Venezuela por lo que nos dijo que las correcciones la haría hasta que se le agotaran, además salía caro el flete, nos lo enviaba desde Venezuela a San Diego por barco de San Diego a El Paso TX, de El Paso a Juárez y de allí a todo México. Platicando y negociando con él, nos vendió los derechos de edición y así logramos hacer nuestra 1° edición en 1994. Y así también surge nuestra casa editora "Chihuahua Editores" que después cambió a "Editora Internacional de Chihuahua". Era necesario crear otra empresa que se dedicara exclusivamente a la edición y distribución del curso, Tere acepta el reto y se convirtió en la directora de esta nueva empresa. Digo que Tere acepta el reto porque para ella era un reto que inicia en montar el taller de producción, contratar personal, capacitarlo, para nosotros siempre a sido importante conocer el trabajo, aprenderlo, para después dejar a alguien bien capacitado, así iniciamos, nos metimos a producción, empaque, almacenamiento, le empezó a ayudar Julia su hermana, de quien ya les platiqué y es aquí donde inicia a trabajar con nosotros, después ella se asocia con Ángel Aguayo para abrir San Juan del Rio, y se queda otra hermana de Tere, Alicia quien trabajó para Tere varios años siempre en el mismo puesto, otro de los primeros empleados Juan Gómez como ayudante al principio y después fue encargado de producción y empaque. Iniciamos en el edificio donde se encontraba antes el instituto y donde iniciamos, también en la calle Plutarco Elías Calles, como 4 cuadras al norte de donde se encuentra actualmente, era una Plaza Comercial llamada Villa de García, y digo era porque los convirtieron en departamentos amueblados, pero en aquel entonces eran oficinas, el instituto ocupaba, al momento de cambiarnos al edificio actual, 4 locales de la planta baja y uno en la planta alta. Para Chihuahua Editores rentamos el 5° local de una de las alas, un localito de 80 mts^2, claro que llegó el momento de expandirnos y decidimos comprar una bodega para poder almacenar y empacar los cursos que se mandaban a todo el país. Tere encontró una como a 4 cuadras del instituto, por la Calle Vicente Guerrero, el desarrollo que tuvo esta empresa y ya en local propio fue muy rápido, Tere manejaba además de la edición y distribución del curso, los productos de imagen corporativa, que anteriormente lo manejaba Juan José, pero decidió cedernos este departamento y Tere le encargó a Laura Prado que además se encargaba de la producción de los cursos.

Tras varias ediciones y otras tantas correcciones decidimos que teníamos que hacer nuestro propio curso.

Fue en la Convención de México en 1996 cuando presentamos nuestro primer (cuarto) curso "English As it is", un curso por fin a color, imágenes nuevas, se contó con la colaboración de maestros ya especializados en el sistema:, Lilian Chávez, Gustavo Lizárraga, entre otros, incluso Nathalia, la hija de César y Mary colaboró también en esta primera edición,

Fue hasta el 2012 cuando se presenta la quinta versión. Recuerden, el primero fue Living English aunque no se llego a vender, se regalaba en la compra de la enciclopedia Collier's, el segundo, The Three Way Method to English, fue el pionero del Método Progresivo o Sistema Natural de Aprendizaje, y en el que se basaron todos los posteriores, el tercero, Bernal's English Course, que fue el que trajimos a México ya con las franquicias operando, el cuarto, "English as it is", ya lo comenté en el párrafo anterior, el quinto "Think in English, Speak in English" este curso realmente se encargaron César y Mary, contrataron un diseñador, se hicieron nuevas imágenes, actualización del contenido como vocablos nuevos, etc. Recuerdo que este curso lo presentamos en junta de franquiciatarios en cada Zona, en la zona norte hicimos una reunión por el sistema Skype para hacer la presentación.

En la Convención de Cabo San Lucas 2019 se presenta el Think in English, Speak in English 2.0 del cual se encarga Victoria, hermana de Nathalia, se cambió la portada, el empaque, un diseño del tercer hijo de Julio y Mary y mi ahijado, Pablo González que gustó muchísimo y creo que además ayudó bastante en las campañas de publicidad, creo que nunca se había utilizado la portada o el diseño del curso para esto. También la novedad fue el apoyo en "realidad virtual" con la aplicación "Act it", actualmente ya no se utiliza esta app pero marcó el inicio de nuestro curso en la era digital, se incluyen en esta aplicación los audios del curso que se ofrecían en código QR. Siguieron versiones o ediciones nuevas: Think in English, Speak in English 2.1 y, al momento de escribir estas líneas, ye se trabaja en la versión 3.1

13 MARCO JURÍDICO

Cuando iniciamos en el sistema de franquicias en 1993 anduvimos buscando algún despacho de asesoría, me di cuenta de que existía la Asociación Mexicana de Franquicias que casualmente también inició en 1985, fue allí que les llamé por primera vez cuando el proyecto Casas Grandes, recuerdo que le dije a la persona que me atendió que quería inscribirme en la asociación, que me mandara una aplicación o que me dijera los requisitos, "¿usted ya está franquiciando?" Me preguntó, le conteste que no, que ya andábamos vendiendo la primera. Me dijo "Bueno, mire, esta es una asociación de franquicias, si usted todavía no tiene franquicias no puede entrar a nuestra asociación. A bueno, le conteste, entonces ¿hasta que venda la primera puedo entrar? Pues sí, ¿ya tiene los manuales? ¿Qué despacho lo está asesorando? ¡No entendía nada! Entonces ella, al ver mi turbación me sugirió que primero contratara a un despacho para que me asesorara en cuanto al desarrollo de mi franquicia, y me dio una lista muy grande de firmas especializadas en este tema, recuerdo que la mayoría se encontraban en México, Guadalajara y Monterrey, por la cercanía y por ser paisanos escogimos un despacho de Monterrey, después nos enteramos por mi papá que eran familiares nuestros. Al ponernos en contacto con ellos nos cotizaron algo así como $35,000.00 pesos. Pensando en que la franquicia de Hermosillo la andábamos vendiendo en esa cantidad, lo platicamos y pensamos que lo peor que pudiera pasar es que tuviéramos que regresarle el dinero de la franquicia que era lo mismo, por lo tanto, decidimos no contratar a esos careros. Hoy por hoy y como consultor de franquicias no te aconsejo que hagas lo mismo, realmente tuvimos que pagar un precio muy caro por no haber contratado a ese despacho de Monterrey. Recuerdo un libro que leí varios años después: "El Hombre mas Rico de Babilonia de George S. Clason, el libro está ambientado en la antigua Babilonia y narra la historia de Arkad, un hombre que, a pesar de no venir de una familia rica, se convierte en el hombre más rico de la ciudad. A través de una serie de relatos y fábulas, Clason presenta principios financieros que son tan relevantes hoy como lo eran en la antigüedad. Uno de los principios clave (para mi) del libro es que sugiere que siempre te asesores de un experto... básicamente este es el principio de las franquicias, tu como franquiciatario te estas asesorando de un experto (Franquiciante), es por esto que el sistema de franquicias sigue siendo la mejor opción para un crecimiento acelerado y darle valor a tu marca.

¿Qué pasó? Empezamos solos, sin experiencia, asesorándome un poco por todos lados, descubrí que tenía que registrar la marca, teníamos que comprar la marca a quien creíamos el dueño, en aquel entonces era el Sr. Sergio Echeverría, dueño de la editorial que nos hacia el Three Way Method to English. Haciendo una pausa y para ubicarnos en el tiempo, iniciamos con las franquicias en 1993 con el nombre de Instituto Panamericano de Estudios Individuales y vendiendo el The Three Way Method to English. Cuando vimos el éxito de la franquicia de Hermosillo y el interés que había en comprarnos franquicias por parte principalmente de gente del departamento de ventas, fue cuando dimos el paso de comprar la marca "Instituto Panamericano de Estudios Individuales" (IPEI), para lo cual viajé a la ciudad de México a entrevistarme con el hijo de Sergio Echeverría, quien se había quedado con el negocio al fallecer su padre, desde luego yo no lo conocía pero ya tenía un tiempo al frente del negocio, cuando hablo con él recuerdo que no me recibió en su oficina, sino que salió a la planta baja a saludarme, le dije que quería platicar con él que lo invitaba a comer, me dijo "ya comí", bueno entonces acompáñame y platicamos. "Si ok, espéreme tantito" volvió a subir y me hizo esperarlo más de 20 minutos, en fin, fue patética la entrevista con el chavo, ya sentados platicando en un restaurant cercano, mientras comía yo, (él ya había comido) le expuse la idea de comprarle la marca IPEI porque nosotros queríamos tener el control y hacer nuestro propio curso. En pocas palabras no quería vender, después supe que realmente no la tenia registrada, aunque de cualquier forma no la podíamos utilizar porque ellos eran los dueños legítimos aun sin el registro en el IMPI, ya que tenían la prueba de primer uso. Quería cobrar regalías por el uso de su marca un 2% de las ventas brutas, claro que le dije que no, que mejor nosotros cambiaríamos de marca, para esto ya teníamos las primeras franquicias vendidas, además de Hermosillo, operaban Aguascalientes, Puebla, Obregón, Culiacán como franquicias además de las unidades propias Juárez, Chihuahua, Torreón y Tijuana. Como ya dije, Delicias duro poco como sucursal.

Contratamos a un diseñador profesional, el Sr. Gustavo Rubio, recomendado por mi hermana Graciela (Chelis), por cierto ella también nos ayudó al principio como maestra primero y después con el sistema de cómputo, además le dimos el manejo de nuestro segundo estudio de grabación de **inglés individual Network®** en Cd. Juárez, el primero estaba en Chihuahua, mas adelante les platico de esto. Gustavo Rubio nos presentó varias propuestas, finalmente elegimos la que ya todos conocemos, él personalmente nos decía que **inglés individual®** era el mejor nombre, "tiene eufonía además en el nombre describes tu producto: escuela de inglés, clases individuales". Además, el isotipo significa dos personas que pueden ser el maestro y el alumno, unidos por el símbolo universal de la comunicación, una de las variantes que nos presentó fue que uno de los símbolos hacerlo más grande para que representara al maestro, nos gustó del mismo tamaño simplemente porque se veía mejor. A todos los socios nos gustó y lanzamos la nueva imagen en la V Convención Las Vegas 94, teníamos ciertas dudas sobre que los franquiciatarios se resistieran al cambio o que pensaran que algo iba mal, pero en realidad lo tomaron con mucho entusiasmo, como un cambio que se requería por la fuerza que tomábamos con las franquicias, tanto que se conoce esa convención como "La Convención de Las Franquicias", mas adelante les platico mas de esto.

Este fue el logo original que se registro ante el IMPI en 1994, como ven tuvo algunos cambios, principalmente se cambió el tipo de letra, el original era diseño de Gustavo Rubio, después, para facilitar la impresión, se cambio a un tipo de letra **Arial Rounded MT Bold** que aparece en programas como Word o Pages. Aunque hoy en día ya no sería necesario.

Volviendo al asunto de los registros, me dediqué a buscar cómo le hacíamos para registrar nuestra nueva marca **inglés individual®**, me aboqué a conseguir el mejor despacho de abogados especializados en derecho intelectual, me recomendaron uno como el despacho más grande en Ciudad Juárez: Backer & Mckenzi, en la entrevista con ellos y después de esperar unos día ya que tenían que mandar pedir asesoría con los especialistas a Miami, me sugirieron el registro en varias categorías o clases según el IMPI clase 16 para productos de imprenta, clase 28 artículos promocionales, clase 9 aparatos eléctricos, jamás me mencionaron los expertos la clase 41 que es la que se refiere a la educación... me imagino que el error fue que mencionábamos que el giro de la empresa era la venta de libros y no lo manejamos como escuela de ingles pasaron los años y así se quedaron los registros. No fue hasta algunos años después, que en la franquicia de Guadalajara a cargo de Flor Espinoza y su esposo Leo que, dando seguimiento a un proyecto que lanzamos en aquellos años sobre subfranquicias que ellos deciden subfranquiciar a un señor de apellido Mendoza Llerenas, todo iba muy bien, me di cuenta que ya tenía el local y el mobiliario cuando tuvieron algunos problemas que decidieron rescindirle el contrato, Flor habló conmigo, que tenían problemas con él y que habían decidido cancelar la operación, la verdad yo ignoraba qué había pasado pero tenía que apoyarlos desde luego, tengo una carta que me escribió Mendoza Llerenas pidiéndome que reconsiderada la negativa de la franquicia, que ya había invertido mucho dinero, etc. Le contesté que era decisión ya tomada y que no podíamos dar marcha atrás. Esto fue lo que detonó todos los problemas que tuvimos a lo largo de los años. Este señor me imagino que tenía gente conocida en el IMPI y se dio cuenta que no teníamos la marca registrada en la clase 41, metió la solicitud y lógicamente se la negaron por nuestros registros que teníamos pero le fue fácil meter una apelación y en el segundo intento se lo aceptaron, en aquel entonces este señor Llerenas dio bastante lata, mandó correos a todos los franquiciatarios diciendo que él era el dueño de la marca lo que provocó mucha incertidumbre y fue donde tuvimos la primer desbandada.

Hablando de Derecho Intelectual, hay un tema que se presta a controversia: la diferencia entre legal y legítimo. Como ya mencioné, no existía registro de marca para IPEI pero la prueba de primer uso fue lo que nos hizo decidir el cambio de marca ya que no la teníamos nosotros aunque lo registráramos. Yo recuerdo en las elecciones del 2006 en México para la Presidencia de la República, una vez que el IFE diera a conocer a Felipe Calderon como presidente de la República, el señor Andrés Manuel Lopez Obrador decretaba que él era el presidente legítimo, esto causó mucha polémica, en lo personal fue la primera vez que me puse a analizar estos términos, escuché en aquel entonces al Lic. Jacobo Zabludovzqui (1928-2015) a través de la TV la primer explicación entre legal y legítimo, más o menos lo explicó así: "Lo legal se apega a derecho, está dentro de un marco jurídico, nos limita a lo que se puede o no hacer desde la visión de la ley. Lo legítimo además implica seguir un camino correcto, justo, auténtico, moral y ético." En otras palabras lo legal no siempre es legítimo, y lo legítimo no siempre es legal.

Es como cuando un matrimonio adopta "legalmente" un hijo, ¿Qué pasaría si aparecen los padres legítimos? ¿Podrían anular el documento legal? Y así recuperar a su hijo? La repuesta es si.

En derecho intelectual pasa lo mismo. ¿Quién puede ser el dueño de una marca? El que la registra? El primero que la usó? ¿Quien es el dueño legítimo? Yo siempre les pregunto a mis clientes si ya tienen registrada la marca y cuál prueba tienen de primer uso, atención: quien use primero la marca es el dueño legítimo, y en derecho intelectual la **Ley De Protección a La Propiedad Industrial** le da la titularidad de la marca al primero que la usó y no al primero que la registró. Si se registra una marca y se obtiene el registro corremos el riesgo que aparezca el dueño legítimo y nos anule el registro, claro, mediante un juicio, es por eso que no basta con tener la prueba del primer uso, porque si alguien se te adelanta y registra tu marca tendrás que anular ese registro mediante un juicio que lleva tiempo y dinero.

Es por eso muy importante si quieren registra una marca, asegúrense que sea auténtica, original y que nadie mas la haya utilizado. Recuerdo un cliente que tuvo problemas por esto con la marca que estaba utilizando, me di cuenta que no la tenían registrada y me pidió que se la registrara ante el IMPI, le pregunte sobre el primer uso y me contó que quien había utilizado la marca inicialmente era el papá de su socio hacía como 20 años. El señor le había dejado el negocio a su hijo y éste se asocio con mi cliente, tiempo después mi cliente le compró su parte al socio y se quedó con el negocio, es cuando quería registrar la marca. Para que esta historia tuviera un final feliz, tuvo que buscar al papá del ex-socio para que le cediera los derechos de uso de marca.

Se dice en términos jurídicos: "El que es primero en tiempo es primero en derecho", nosotros logramos conservar nuestra marca gracias a la prueba de primer uso, a pesar del intento de personas cuyos nombres prefiero no mencionar y que casi lo logran por cierto. Es muy importante, cuando vayan a registrar una marca poner la fecha del primer uso y desde luego tener un comprobante, nosotros utilizamos el registro ante INDAUTOR de un libro que escribió Tere que era como una recopilación de lo que había sido el desarrollo de la empresa, además del registro de la razón social **inglés individual, S.A. de C.V.** ante el SAT. Claro, es muy importante el registro marcario, de haberlo tenido en la famosa clase 41 nos hubiéramos ahorrado varios millones de pesos que tuvimos que gastar en el juicio.

Pero bueno, no hay mal que por bien no venga, el hecho de haber ganado el juicio de nulidad creo que nos fortaleció como empresa. Mendoza Llerenas vendió los derechos de nuestra marca, el siguiente dueño nos dio bastante lata, se fueron casi la mitad de nuestros franquiciatarios porque les aseguraban que nosotros no éramos dueños de la marca y el que continuara con nosotros lo iban a demandar y no sé qué tantas amenazas más, al poco tiempo ya les cambió el nombre y luego, en el juicio, se agotaron las instancias y tuvo que dejar de usarlo. Digo que no hay mal que por bien no venga por los resultados que se dieron después de esto son asombrosos, actualmente con menos de las franquicias que éramos en aquella época estamos produciendo el doble de ventas. Me quedo con la lealtad que demostraron los franquiciatarios que decidieron quedarse con nosotros, recuerdo a Gilberto Martínez de Nogales que me dijo: Usted nada más dígame si le tenemos que cambiar de nombre y se lo cambiamos. O de Ángel Aguayo que creo que fue el primero al que le llamé cuando ganamos el juicio y me dijo: Licenciado, es la mejor noticia que he recibido en mi vida... estoy llorando.

    A uno o dos años de haber iniciado con las franquicias, Julio César y yo habíamos acudido a un seminario sobre Franquicias en el Tec de Monterrey en Chihuahua el cual lo impartían Juan Manuel Gallástegui y Juan Manuel Huerdo (QEPD), fue como conocí a Juan Manuel Gallastegui y me di cuenta de que era la máxima autoridad en cuanto a franquicias se refería. Tiempo después, recuerdo que fue después de la convención de Guadalajara 98. Ya nos llegaba el agua en el cuello y no por la competencia, teníamos problemas de organización, control, marco jurídico, todo relacionado con la relación franquiciante-franquiciatario, con ya casi 100 franquicias operando el problema era muy grande, es por lo que solicitamos una entrevista con él. Tenía su despacho en Ciudad de México, al llegar allí César y yo, resulta que no nos iba a atender Juan Manuel, nos presentaron a un Abogado que se identificó como socio del despacho: Lic. Ferenz Feher, cuando le platicamos lo que era la empresa se quedó sorprendido porque ¡no nos conocía! Cuando le platicamos que en 1998 habíamos sido considerados por la revista Entrepreneur como la segunda franquicia de mayor crecimiento en México, sólo debajo de PEMEX® Ferenz lo primero que nos dijo fue "¿por qué no los conocía?". Así contratamos a Gallastegui Armella Franquicias® para que nos revisaran el contrato de franquicias, trabajábamos con uno de 6 o 7 páginas, aquel que había utilizado desde la franquicia 0 de Casas Grandes ¡ellos nos hicieron uno de 31 páginas!, nos hicieron los manuales, nos dieron un seminario para los franquiciatarios en el que se hizo un análisis FODA se desarrolló el concepto de Misión y Visión, adema han participado en varias convenciones, en la Cuernavaca 2003 recuerdo la participación de Juan Manuel Gallastegui su tema era en torno a que se dieran cuenta en qué empresa estábamos, el final del discurso fue: "ustedes ya van en la XIV Convención, la Asociación Mexicana de Franquicias acaba de celebrar su IX Convención".

Puedo decir, después de haber vivido la experiencia de iniciar en un sistema de franquicias sin asesor para que te proporcione los manuales, los contratos (son varios además del principal hay uno de confidencialidad, de comodato, de edición y coedición, etc.) es muy arriesgado, créanme que pasamos por muchas situaciones como el registro de marca, como el tener un perfil adecuado para nuestros franquiciatarios, la relación entre franquiciante y franquiciatario, el marco jurídico que incluye manuales y registros, en fin nosotros fuimos sorteando todo y al final seguimos en esto, muy fortalecidos, pero no les aconsejo que lo hagan.

Y digo competencia porque en realidad fue eso desde Carlos Mendivil, Héctor Jaime y hasta la fecha, creamos nuestra propia competencia. Aprovecho para contarles un poco de Héctor Jaime, él era el franquiciatario de Zacatecas, un buen día nos avisa que quería vender la franquicia, se la vendió a Juan M. Alba, lo despedimos, le deseamos suerte etc. todo iba bien, un buen día llegan a Chihuahua, Carlos López, Juan Manuel Alba y Jorge Luis Medina a hablar con Julio César y conmigo diciendo que Héctor Jaime andaba vendiendo franquicias, que iba a desprestigiarnos porque nuestra escritura constitutiva no aparecía como giro la venta de franquicias, porque no estábamos en la Asociación Mexicana de Franquicias y no sé qué tantos cuentos más, además que iba a hacer una presentación con Miguel Ángel Cornejo para ofrecer las franquicias de su nueva escuela de inglés. Nos fueron a poner al tanto de todo y nos exigían hacer algo, lo único que les dijimos es que no íbamos a hacer nada, que él podía vender lo que quisiera, que, si alguien quería comprarle una franquicia de escuelas de inglés que inicia, sin experiencia, no significa ninguna competencia para nosotros. Efectivamente no prosperó esa franquicia. Recuerdo que César y yo fuimos a consultar nuevamente a Baker & Mckenzie en Cd. Juárez, recuerdo que el abogado que nos atendió nos pregunto "Es la primera vez que les pasa esto?" si "no se preocupen, no será la última" y bueno la historia de la competencia que creamos es muy larga, me limitare a irles contando los logros de toda esta gente que a pasado por la empresa.

14 COLABORADORES

Les voy a platicar la trayectoria de gente que nos ha demostrado un apoyo incondicional a la empresa, es con esta mención una forma de agradecerles, sé que puedo omitir algunos, voy a mencionar únicamente a los que iniciaron en la empresa antes de las franquicias, es decir antes de 1993, que les tocó vivir el cambio.

Jesús Adrián Prieto (Pichi para los amigos) es el único que inició junto con Tere y conmigo el 12 de noviembre de 1985 (recuerden que Julio César y Juan José iniciaron como socios). Lo invitamos a trabajar con nosotros en cobranza, nos estaba ayudando en los videoclubes recuperando películas con clientes que no las devolvían, de allí me lo lleve a IPEI, nos ayudó junto con Cuauhtémoc en la adecuación del local en Villa de García, ya mencioné que yo me había regresado de mi capacitación de Monterrey y Reynosa porque César y Mary ya habían rentado el local y había iniciado las remodelaciones, dije: en la torre!, ya está corriendo la renta, yo me pensaba quedar unos 15 días más en la capacitación, justamente un día antes o sea el 11 de noviembre terminaron las adecuaciones, desde entonces Pichi ha estado con nosotros en las buenas y en las malas, al principio sin ganar dinero, él empezaba a ganar hasta la 1° venta y eso únicamente por la entrega de materiales que era a domicilio y hasta un mes después un porcentaje de cobranza, pero ya para el mes de febrero estaba teniendo muy buenos ingresos en cobranza y verificación, a él le ofrecimos el puesto de director cuando abrimos Tijuana, lo rechazó por motivos personales, por el trabajo de su esposa Mary y tal vez no quisieron dejar su tierra, en fin Pichi siguió en Plutarco siempre al pendiente de lo que hacía falta en reparación y mantenimiento del edificio, a él le tocó un cambio de jefe cuando decidimos cerrar Barocio, el negocio de organización de eventos sociales, como mencioné, ya había entrado Julio César en ventas, entonces Juan José entró a trabajar en el departamento de Verificación, Crédito y Cobranza con Pichi como cobrador y verificador, desde entonces siempre pegado al trabajo, aunque prefería trabajar de noche, recuerdo que una vez me dijo, deberías de dejar los planes únicamente contado, 1 y 3 meses, a caray ¿porqué? porque los planes mayores de 3 meses son los que más cancelan, te ahorrarías en comisiones a vendedores y costo del material didáctico, me hizo ver algo desde otro enfoque algo en lo que tenía mucha razón, estuvimos a punto de hacerle caso, pero me fui mas por el lado de motivar al vendedor y buscar movimiento en el instituto, a lo mejor al fin de cuentas o, cómo dicen: todo es según el color del cristal con que se mira, esto era necesario para crear expectativas del vendedor, ya que generaba mucho movimiento de ventas, alumnos, entrega de material, charla de orientación, etc. Si la mayoría de las cancelaciones eran en plazos de más de 3 meses era algo necesario y creo que con esto se desarrolló la empresa, arriesgando. Es como cuando se detonó la industria de la telefonía celular y el comercio en general, no sé a quién se le ocurrió regalar el teléfono celular, ¡un aparato que costaba una fortuna!. Era un producto que fue creando mucha necesidad, pero muy caro, limitado para un sector muy reducido, era un lujo. Esta analogía se aplica porque con planes más largos, se generan más ventas y por consecuencia, más utilidades, aunque a nosotros nos generó recursos humanos en el departamento de ventas y por consecuencia nuevos líderes que se convirtieron en gerentes y después franquiciatarios, si en realidad tenía un costo como decía Pichi, pero este análisis de él nos hizo reflexionar en todo esto, era importante analizarlo y determinar si realmente vale la pena o irse por el lado práctico de administración, pero si recuerdo una etapa que, en una contratación decidimos hacer el experimento de vender únicamente de contado, con tanto éxito que en ese tiempo compramos 2 carros del año para cobranza, y equipo de cómputo nuevo, bueno, a Juárez Nuevo no le iba tan bien y Pichi me dijo que ya casi no tenía cobranza por eso tuvimos que volver al crédito.

Pichi tuvo otra oportunidad de abrir su franquicia, recuerdo que fueron de vacaciones a San Miguel Allende o Dolores Hidalgo en Guanajuato y les dijimos "vean allá qué ciudad les gusta para abrir su franquicia estaban muy entusiasmados con esta idea pero nuevamente no, regresaron decepcionados porque no les había gustado ninguna de las plazas. Pero volviendo a la platica: Cuando se va Juan José a Torreón Pichi se queda ya oficialmente como gerente de Cobranza y pasan algunos cobradores a su cargo desde luego Cuauhtémoc Prieto (Temo), su hermano y mi cuñado, también de alguien que tenemos que platicar bastante ya que no solo trabajó en cobranza sino en ventas, recuerdo que en ventas siempre que poníamos un premio de comida o cena era el primero que se lo ganaba, después se fue a trabajar como director del instituto en Chihuahua ya que César y Mary estaban en Houston y en ese tiempo Ángel Aguayo se había ido a Pachuca y necesitaban un director, después Temo se fue a San Luis Potosí ya como franquiciatario asociado con su hermano Luis Octavio (Tavo), después Tavo le vende su parte y se queda solo en San Luis durante varios años, a la muerte de mi suegro Don Adrián, Temo decide vender San Luis y regresarse a Juárez, desde entonces ha asesorado en cobranza a algunas franquicias como Puebla, Juárez Nuevo, Querétaro y Los Cabos, pero eventualmente.

 A Ángel Aguayo lo conocí trabajando en el instituto de Chihuahua con César y Mary, inició en ventas en 1991, al poco tiempo Iván Acosta, primo hermano de Tere y Mary, quien trabajaba ya como gerente de crédito y cobranza en Chihuahua, lo invita a cobranza, al año siguiente con el traslado de Iván a Tijuana, Ángel de queda como administrador en Chihuahua, al poco tiempo, con el apoyo de César y Mary, decide abrir su propia franquicia en Pachuca, con tanto éxito que al poco tiempo abre también franquicias en Tulancingo, Córdoba y Orizaba. Fue nombrado Gerente Regional en Los Cabos 2019. Sin duda una gran trayectoria, gracias a su honestidad, lealtad y fe, gracias, Ángel.

 Raúl Saucedo inicia en 1987 en aquel entonces, la sucursal de Chihuahua contratado por Julio César, actualmente y desde 1994 es franquiciatario del instituto de Obregón, a Raúl le tocó hacer la 1er contratación en la primer franquicia Hermosillo en 1993, también, junto con su esposa Rosy abrieron franquicias en Durango 1995 y Navojoa en 1997. Ganó el premio nacional al mejor representante en 1988, mejor Jefe de Grupo en 1989, mejor Supervisor en 1990, mejor Gerente Distrital 1991 y mejor Gerente Divisional en 1994, estos logros solo lo han conseguido él y Julio César.

Iván Acosta inicia en 1987 en la ciudad de Chihuahua, participó desde la adecuación del local y luego en cobranza e incluso como auxiliar administrativo hasta que le dimos la oportunidad de ocupar el puesto de director de la sucursal que queríamos abrir en Tijuana en 1992, su esposa Mary se fue como administradora, después se la vendimos y se convirtió en franquiciatario, comprando Ensenada al poco tiempo.

Octavio González, (Pavín para los amigos), él inicia a trabajar con nosotros en Chihuahua cuando era sucursal, en ese tiempo Julio Cesar decide comprar una computadora que yo no sabía para qué rayos la quería, en aquel entonces te la vendían con todo y programas de operación y capacitación, es cuando Octavio de escasos 15 años de edad (creo) que empieza a moverle a la computadora y se convierte para él en una obsesión, tanto que llegó a saber más que los que la vendieron, ellos le decían que tal o cual función que requeríamos para el control interno, cobranza principalmente, le decían que eso no se podía, desde entonces lo escuche decir esa frase que lo caracterizó SIEMPRE: "Todo se puede". Hay una anécdota que siempre cuento a propósito de esto que decía él "todo se puede". trabajando ya en Plutarco en nuestra computadora que acabamos de comprar, nos llevaba un programa de control del ahorro del personal, al final del año le pedí me hiciera un recibo para que lo firmara el que recibía, pero que apareciera la cantidad con letra también, me dijo ¡a caray! eso no se puede en la computadora, cómo? le conteste, no dices que todo se puede? no pues si, déjame veo cómo le hago, a los 2 o 3 días estábamos imprimiendo el recibo del ahorro tal y como se lo pedí con la cantidad con letra, yo no sabia que tan difícil era esto, ni sé si hoy en día es fácil, en aquel entonces era algo que Microsoft Excel no lo podía hacer, Octavio tuvo que hacer programas especiales para esto, por eso decía que "todos se puede".

    Al poco tiempo de iniciada la venta de franquicias, él puso un negocio de renta de juegos de Nintendo, después se lo robaron y con lo que cobró del seguro se asocia con mis cuñados Alonso y Betty para una franquicia y así surge Juárez Nuevo en Abril de 1995. Siempre al iniciar una franquicia le ponemos el nombre de la ciudad y si ya existen otras se le agrega otro nombre para identificarlas, aquí era la primera ocasión que sucedía esto, en realidad le pusimos Juárez Nuevo porque era la franquicia nueva de Juárez, pero existía una Colonia que se llamaba así mucho muy lejos del instituto y se prestaba a confusión, sin embargo, aún se sigue llamando este instituto Juárez Nuevo. La sociedad funciona muy bien, al poco tiempo deciden abrir otra franquicia en Delicias Chih. Que la habíamos cerrado antes de iniciar las ventas de franquicias es decir cuando funcionaba como sucursal, en este punto deciden separase y Octavio se queda con Delicias y Alonso y Betty con Juárez Nuevo. Por su lado el Ingeniero Alonso hizo carrera en la empresa, porque además de Delicias asociado con Pavin, él y Betty abrieron franquicia en Nuevo

Casas Grandes, participó en las aperturas y además tuvo a su cargo Puerto Vallarta, Agua Prieta y Guaymas apoyándonos en la Dirección Nacional de Franquicias como Consultor Nacional, además fue 1er lugar nacional como supervisor en 1997 y como gerente distrital en 1998... ¡Pura vida!

Octavio sigue con un plan de desarrollo tremendo, abre Camargo y Jiménez, estas 3 franquicias si las estuvo operando al mismo tiempo, después vendía una y abría otra, así de memoria les puedo decir que estuvo como franquiciatario, adema de Costa Rica, en Monterrey, Mazatlán y Chihuahua. Al final se quedó con Mazatlán y Chihuahua, y digo al final porque así fue hasta que el Señor lo mandó llamar a su lado (DEP).

Las 2 franquicias fue la herencia que deja Octavio a su hijo Octavio Gabriel, su esposa las vende: Mazatlán la compra una maestra que tenían: Rhonda Lee; Chihuahua se la compra el administrador que tenían, quien decidió en 2015 cambiar de nombre, o como decimos ahora para identificarlos: "se fue a otro planeta" y deja de operar en nuestra organización.

15 RELACIÓN FRANQUICIANTE-FRANQUICIATARIO

Sin duda este es un tema apasionante, la relación que debe tener un franquiciante con su franquiciatario es muy importante, porqué?. Porque debe ser para toda la vida, es como una sociedad conyugal, cuando te casas no estas pensando en el divorcio, el divorcio llega cuando hay incompatibilidad de caracteres o una de las partes falla. Pero cuales son las fallas mas comunes en esta relación?. Cuando se firma el contrato de franquicia, el franquiciatario espera que el franquiciante lo lleve de la mano desde la pre-apertura, hasta cuando? Toda la vida, pero qué pasa? El franquiciatario empieza a conocer el negocio y se da cuenta que cada vez necesita menos asesoría de parte de su franquiciante, entonces dice el franquiciatario: ya no lo necesito, yo puedo solo, para qué pago regalías?... y empieza a pensar en la separación. El franquiciatario debe ver otros aspectos muy importante y con los que no va a poder competir en caso de que solicite la anulación del contrato de franquicia o, en otras palabras, se independice. ¿Cuáles son?

Primero el valor de la marca, es uno de los aspectos mas importantes, el valor de la marca crece junto con el sistema de franquicias, de hecho es uno de los motivos por los que un emprendedor inicia a franquiciar su negocio, aumentar el valor de su marca, y contra esto no podrá competir un negocio que inicia y mucho menos si viene de una franquicia y se encuentra replicando el mismo concepto con otro nombre.

También en las economías de escala. Qué quiere decir esto? Es el poder que alcanza una empresa, en este caso franquiciante, cuando tiene un nivel de crecimiento óptimo, y en base al nivel de crecimiento sus costos se reducen significativamente, es decir si una empresa restaurantera por ejemplo, con 4 sucursales operando, decide contratar publicidad a nivel nacional con una inversión de $1'000,000.00 de pesos, tocaría de a $250,000.00 por sucursal, pero si fuera una franquicia con 100 unidades operando, la misma publicidad costaría $10,000.00 pesos por unidad.

Penetración en el mercado. Creo que esta es la principal causa que nos debería mantener cerca del franquiciante, una empresa nueva tiene que luchar contra el prestigio de las marcas ya existentes, es decir no basta con conocer la operación del negocio, esto lo aprendes en el primer año de operación, es necesario posicionar una marca. Una franquicia es todo esto

Mencionaba que uno de los aspectos que desconocía cuando iniciamos en el mundo de las franquicias, y creo que uno de los más importantes es ésta relación del franquiciante y el franquiciatario. Quiero explayarme en esto porque lo tuvimos que aprender en la práctica y esto es muy cruel, es como cuando enseñas a alguien a nadar aventándolo al agua, es muy cruel, pero aprendes, hay otras maneras de aprender mas amigables, dice un viejo y conocido refrán: "nadie experimenta en cabeza ajena", yo creo que este es precisamente la esencia del sistema de franquicias: "Experimentar en cabeza ajena". ¿Porqué? Cuando adquirimos una franquicia, debemos tener muy presente este concepto, es muy común que un franquiciatario me diga: Oiga licenciado, tengo esta idea, ¿qué le parece?, no, eso ya lo hicimos hace 3 años y no funcionó. Es por lo que además de adquirir el derecho de uso de marca, adquieres experiencia que te van a ahorrar tiempo y dinero, las dos cosas, creo que la experiencia es todavía más importante que el derecho de uso de marca. La franquicia inició como IPEI en 1993, fue en 1994 cuando nace **inglés individual**®, ya les platiqué que no pudimos comprar la marca IPEI, después me di cuenta que en realidad no estaba registrada y por eso no me la podía vender el hijo de Echeverria, solamente quiso sacarme algo de lana pidiéndome regalías, en fin, en 1994 cuando dimos a conocer la nueva marca en la Convención de Las Vegas ya teníamos algunas franquicias operando, Hermosillo, Aguascalientes, Obregón...

Hablando de economías de escala, es muy lógico que a mayor volumen mejor precio, actualmente como consultor en el desarrollo de franquicias les digo a mis clientes que como franquiciantes tenemos que buscar en los productos que no podemos distribuir nosotros a los mejores proveedores y que den el mejor precio, nuestro negocio no es pedir comisión al proveedor para darle la exclusiva de su producto sino que le dé el mejor precio y la mejor calidad a nuestro franquiciatario, nuestro negocio es tener contento al franquiciatario.

Recuerdo en 2008, el equipo Indios de Cd. Juárez asciende a primera división del futbol mexicano, **inglés individual**® contrata el patrocinio por 2 temporadas (apertura y clausura), entre otras cosas incluía la impresión del logotipo en una manga del uniforme y 2 vallas fijas a nivel de cancha, ¡imagínense únicamente lo que significaba esta publicidad! nada más en los partidos Indios-América, Indios-Chivas o Cruz Azul, que son los de mayor audiencia. El contrato era por $2'000,000.00 de pesos más $500,000.00 en becas para los jugadores, pero ese servicio se daría en los institutos de Cd. Juárez, para pagarse en 10 mensualidades de 200,000.00, esto dividido entre las 75 franquicias que teníamos operando equivalía a $2,700.00 pesos por mes! Esto es economía de escala señores.

Hace poco tiempo, Tere y yo platicando con un amigo de un amigo, y lo pongo así porque realmente no los conocíamos, ni ellos tampoco sabían a qué nos dedicábamos, ellos tenían operando una franquicia de Pizzas, pero nos comentaban que habían dejado la franquicia ¡Porque ya sabían hacer pizzas! Nos quedamos asombrados, claro que no le dijimos nada, no era el momento, pero con ganas de decirle: Tienes que tomar en cuenta no nada más que vas a aprender a hacer pizzas, el valor de la marca es muy importante también, el soporte técnico, recuerda que nadie experimenta en cabeza ajena solamente los franquiciatarios en los franquiciantes, tienes que tomar en cuenta también las economías de escala, etc.

¿Qué sucede realmente en una relación franquiciante-franquiciatario? viéndolo en etapas: En la primera es cuando el franquiciatario considera un Dios al franquiciante le llama 28 veces al día para preguntarle todo sobre el negocio, le pide ayuda en contratación y capacitación de personal, aspectos contables, laborales y legales, todo. En la segunda etapa el franquiciatario se da cuenta que el franquiciante no es un Dios, es como cuando te das cuenta de que tu papá no es el hombre mas inteligente del mundo, cuando ya te das cuentas de muchas cosas en base a la experiencia, en esta etapa ya le llama menos al franquiciante y ya en la tercera etapa es cuando dice "yo puedo solo" "para qué pago regalías". ¡Buena pregunta! ¿Para qué pago regalías? El sistema de franquicias es el mejor modelo de negocios que existe, inicio en el siglo XIX, se le conoció como el modelo de negocio del siglo XX, y ya se le conoce como el modelo de negocios del siglo XXI. El franquiciatario cuando se da cuenta para qué paga regalías es cuando el negocio empieza a entrar en un proceso de ganar-ganar que es la clave del éxito, desde que inicia un modelo de negocio exitoso en un sistema de franquicias buscamos una relación ganar-ganar con cada uno de los franquiciatarios, cuando el franquiciatario entre en el juego de ganar-ganar empieza un camino sin atajos hacia la independencia económica. Yo franquiciante te voy a enseñar a ti franquiciatario a operar un negocio, aplicando conocimientos adquiridos en al menos 4 o 5 años de haber iniciado yo mi negocio, yo busco, al revelarte la información considerada como "secreto industrial" de acuerdo a la **Ley Federal de Protección a la Propiedad Industrial**, aumentar el valor de mi marca principalmente, quiero decirles que la marca es el principal activo de una empresa la meta es que mi marca se valore en miles de millones de dólares, pero qué le da el valor a una marca?. Podemos contratar a un despacho especializado en esto, hacen una revisión de varios aspectos, cuantas franquicias están operando qué territorio abarca, el tiempo que le queda a cada contrato de franquicia, cuanto se establece en el mismo para la compra de materiales o qué otros productos vende el franquiciante, cual es el margen de utilidad, el índice de crecimiento, etc. Es muy complicado, básicamente yo considero 3 aspectos que determinan el valor de la marca: 1. Un buen diseño, 2. El tamaño de la empresa y 3. La antigüedad. Puedes tener únicamente el nombre comercial, pero es la marca lo que te da identidad, presencia y reconocimiento, al fortalecer la marca con el tiempo y el desarrollo que tengas es lo que determina el valor, no vale lo mismo una marca con 5 años operando y apenas 3 o 4 unidades que una marca de con 35 años operando y 85 unidades por ejemplo.

Realmente lo que busca el Franquiciante, al entrar al sistema de franquicias es un crecimiento acelerado, y esto le dará mas valor a su marca.

Hablando de lo difícil que es la relación Franquiciante-Franquiciatario, les decía que es uno de los aspectos que debemos de cuidar por ambas partes, lo plasmo en este libro porque pretendo que a la vez sea una guía para cualquier emprendedor que quiera un crecimiento acelerado, mas adelante les platico lo de Tijuana y Rosarito, pero recuerdo los problemas que han tenido algunos franquiciatarios cuando se abre un **inglés individual**® en la misma ciudad, cuando vendimos las primeras franquicias, no recuerdo hasta cual, les dábamos la ciudad completa, pudiendo abrir las unidades que quieran sin pagar cuota inicial, cuando contratamos a Gallastegui-Armella ellos nos revisaron nuestro contrato, ya lo mencioné, pero desde entonces redujimos el área de la franquicia a una sola unidad con la exclusiva de un radio de 2km. Empezamos a vender franquicias en las mismas ciudades y empezaron los problemas, Tijuana fue de los primeros cuando se abrió Rosarito, la lógica, perdón mi lógica, era que se tenía otro punto de venta cercano, esto era una gran publicidad, equivale a contratar un anuncio espectacular que es carísimo (o era hasta hace poco), pudieran incluso compartir presupuesto para publicidad, traslados de alumnos, etc. No funcionó mi lógica, era como si hubiera abierto, no, perdón, era peor que si hubiera abierto Berlitz® o Harmon Hall®. Tijuana y Rosarito tuvieron tantos problemas que no solo no compartieron la publicidad, sino que también negaron traslados de alumnos entre ellos.

Cuando Tomás Cruz compra Guadalajara, la franquicia andaba mal, inicialmente a Tomas lo mandé a que apoyara en ventas a Leo y Flor, pero le ofrecieron que se quedara a trabajar con ellos, se fue y al poco tiempo les compró la franquicia, en ese tiempo Tomás me decía: "necesito más franquiciatarios, que se abran 2 o 3 más aquí hay un gran mercado", se lo cumplí y le vendimos a Carlos y a Julia Tonalá, ciudad en la Zona conurbada de Guadalajara y Zapopan, de hecho la franquicia de Tomás estaba en Zapopan pero su contrato especificaba Guadalajara y Zapopan, lo mismo, cuando Carlos va a platicar con Tomás tuvieron una discusión en torno a la apertura cerca de sus oficinas, también negaron los traslados de Tonalá y hacia Tonalá, en fin a Carlos y Julia les va mal en Tonalá y la tuvieron que cerrar, se la ofrecí a Tomás y no le interesó, después Tomás abriría institutos en Guadalajara y San Pedro Tlaquepaque, tenía comprada una 4ª franquicia que nunca la llegó a abrir, cambió de nombre y renuncio a las franquicias de **inglés individual**®, después me enteré que se independizó y creó una nueva marca.

Comenté en lineas atrás sobre mi cuñada Julia y su esposo Carlos sobre la compra de León, en realidad fue el parteaguas para ellos ya que como decía les habia ido mal en Tonalá, después abrieron en La Piedad, y cuando su socio Benjamin de la Paz estaba a punto de declinar en la sociedad es cuando deciden comprar León, después vinieron mas franquicias, actualmente opera esta sociedad mas de 12 unidades.

16 CLÍNICA DE VENTAS

A lo largo de estos años platico mucho mis experiencias en las juntas diarias con el equipo de ventas, que antes le decíamos Clínica de Ventas, no sé por qué se fue quitando el nombre, uno de los significados de clínica que aparece en el diccionario es: "Parte práctica de la enseñanza de la medicina que se ocupa del examen de los enfermos y del tratamiento de las enfermedades en presencia de los estudiantes". la palabra clínica se asocia a hospital o sanatorio, pero si le llamamos Clínica de Ventas ya cambia el sentido de tratamiento de enfermedades al tratamiento de ventas, en fin, es cuestión de términos, Clínica de Ventas quiere decir análisis de objeciones, cierres, prospección, motivación, siempre que me topo a alguien que trabajó con nosotros, lo clásico es "se acuerda de mi? Yo trabajé con ustedes hace varios años, fíjese que sigo trabajando en ventas, ahora vendo seguros y aplico todo lo que aprendí con ustedes, la Clínica de Ventas, la puntualidad...". Hay muy pocas empresas que tengan establecido una junta diaria para su personal, no nada más en ventas, creo que es una herramienta muy importante, cualquiera que sea tu empresa y si además quieres un crecimiento acelerado. Dicen que la preparación es la base del éxito, que la preparación es el primer paso, que nunca dejamos de aprender, la Clínica de Ventas diaria es preparación hasta para quien dirige la junta, imagínense tener que preparar un tema diferente diariamente.

Tenemos que tener bien organizada la junta, a continuación les doy algunos aspectos que se deben tener para el éxito de la Clínica de Ventas:

1. Debe durar una hora, esto porque, al ser diario, cualquier tema que quede pendiente se continua al día siguiente, si por alguna causa se extiende, los que tengan que salir pueden salir, tenemos que respetar la agenda de cada quién.

2. Los que van llegando se van anotando en un cuaderno especial de asistencia. A la hora exacta de inicio (normalmente iniciamos a las 9:00 am) debemos iniciar con los que estén, se pone la raya que indica el inicio de la junta, todos los que se anoten después de la raya tienen retardo, y después de las 9:10 tienen falta.

3. Los primeros 20 minutos se van en repasar el trabajo del día anterior, citas, entrevistas, resultados. Se dejan 30 minutos al tema preparado, es muy importante para el gerente encargado de la junta llevar un tema, creo que preparar un tema de media hora diariamente no es para nada difícil. Incluso se puede tener un tema diariamente, el lunes motivación, el martes repasar la charla y cierres, etc. Los últimos 10 minutos es el plan de trabajo del día, esto es muy importante, no queremos que su plan sea regresar a casa, ir a desayunar, ir de compras, etc. Creo que aquí es donde se marca la diferencia, si logramos establecer y sistematizar la Clínica de Ventas, damos un gran paso al seguimiento adecuado del personal, para que en el caso de ventas, logren los resultados que todos queremos y los últimos 10 minutos dedicados al plan

de trabajo, marcaría una diferencia muy importante, ya que nos obligamos nosotros mismos a estar con ellos, el que no tenga citas ayudarle a sacarlas, el que tenga citas, ayudarle en la charla y el cierre.

Hemos dicho que un gerente de ventas, para ser un buen gerente tiene que dominar 4 aspectos muy importantes:

CONTRATAR, ENTRENAR, MOTIVAR Y DIRIGIR

Creo que en los primeros 3 aspectos es en donde se enfocan y realmente es en la parte de DIRIGIR donde la mayoría se atoran.

En fin, seguiremos hablando de la historia, ¿en qué nos quedamos? En realidad, en este libro estoy tratando de ir contando la historia de una franquicia, al contarles algún pasaje de nuestra empresa, vienen a la mente consejos sobre el tema de desarrollo de franquicias y parece que se desvirtúa el orden cronológico de los acontecimientos, pero lo importante es que nos conozcan un poco más.

17 ANECDOTARIO

Recuerdo también en los inicios de las franquicias, en septiembre de 1993, me encontraba contratando en Tijuana, precisamente porque Carlos Mendívil el gerente, se había ido a hacer la 1er contratación a Aguascalientes, Carlos se tenía que regresar a Tijuana y me pide que yo me fuera a recibir a la gente a Aguascalientes, ya les había platicado que en esa contratación llega como Supervisor y franquiciatario Juan Manuel Alba asociado con su papá, Juan Manuel se sentía inseguro y no lo queríamos dejar solo, se nos quedó bastante gente, no recuerdo bien como unas 14 personas se graduaron, una frase que siempre repetimos que un día me dijo el tío Pepe en las contratación con uno que se quede ya es ganancia, haciendo referencia a lo difícil que es formar gente, en esa contratación se quedaron varios que después fueron franquiciatario y gerentes como Ana María Vela que fue franquiciataria de Irapuato, Carlos López que colaboró en el desarrollo de franquicias como Saltillo, Veracruz, Ciudad Victoria, Xalapa, Guadalajara, Ocotlán, Naucalpan, Tepetitlán, Colima además su propia franquicia Tepic en 1995, se convirtió en un experto en contrataciones, en el tiempo del boom de las franquicias, él se encargaba de hacer la 1er contratación en cada ciudad que se iba abriendo, platica que en un año hizo 50 contrataciones, casi una por semana! Recuerdo que en la contratación de Aguascalientes cuando terminaba el entrenamiento el viernes, yo me regresaba a Cd. Juárez por la tarde, llegué a despedirme del grupo y les dije que la mejor motivación para alguien que hace este trabajo de capacitación son los resultados, que iba a llegar antes de irme al aeropuerto, a la oficina a ver quiénes traían ventas, pera tener ese recuerdo, y efectivamente todavía lo platico y quedó ese recuerdo, solamente llegó una venta a la despedida, la llevó el Sr. Carlos López.

Cuando usamos la frase tan hecha: "Me cambió la vida" es literal, pero analizando esto creo que hay muchos acontecimientos que te cambian la vida, es decir no nada más uno: puede ser cuando conoces a alguien que se convierte en tu pareja, el nacimiento de un hijo, un accidente automovilístico que te deja alguna secuela, cuando desarrollas una estrategia en el trabajo, etc. A lo largo de estas líneas les he platicado algunos acontecimientos que, literal, han cambiado mi vida, les quiero platicar algunos más, ahí les van:

Uno de los acontecimientos que considero una gran experiencia fue en la sucursal en aquel entonces de Torreón Coahuila. La operaba Juan José y yo fui a hacer una contratación, no recuerdo la fecha, pero tuvo que haber sido por 1989, fui yo a hacer una contratación de personal, en el primer día, o sea en las entrevistas, habían llegado mas de 100 personas ¡a medio día! Dije yo, esto se descontroló, la sala audiovisual que había en el instituto cabían como unas 40 personas, dije para qué nos metemos en líos y ordené que ya no recibieran gente, que dijeran que ya estaba lleno el cupo, que esperaran la próxima semana otro aviso, total que nos tomamos la tarde libre muy a gusto, prepararnos al día siguiente a las 10:00 am habíamos citado a todos a la oferta de trabajo, efectivamente, llegaron alrededor de

50 personas de acuerdo a lo que esperaba, apenas cupimos, y los citamos a las 4 de la tarde para iniciar el entrenamiento, yo esperaba unas 25 persona pero le dije a Cacho que a veces regresaban más porque les gusta tanto que recomiendan a amigos, el caso es que cuando ya veníamos en el elevador del edificio donde se encontraba el instituto, se sienten unos nervios medio raros, los que tienen experiencia en contratación sabrán a qué me refiero, es cuando te das cuenta si funciona o no la contratación, yo esperaba mínimo unos 25 personas y cuando entramos al instituto se veían afuera del salón 2 o 3 personas, dije "ya no caben" pero cuando entro al salón ¡No había nadie! ¡Solamente habían regresado 3 personas! Para qué les platico, sentí como un balde de agua con hielos en mi espalda, fue una gran experiencia, no sé qué rayos pasó en la oferta de trabajo, estuve analizando todo lo que dije, tal vez algún pirata se los llevó, esto suele pasar, siempre recomendamos cuidar mucho los grupitos que se forman a la salida de la oferta de trabajo, pero sí, fue una gran experiencia, jamás he vuelto a suspender entrevistas cuando ya llegamos a un buen número, nada más acuérdense de Torreón.

18 LAS CONVENCIONES

Las Convenciones son hoy por hoy el acontecimiento más importante de cualquier empresa mediana o pequeña, cuando una empresa inicia con convenciones es cuando da un gran salto, es cuando ya nos sentimos como una empresa grande recuerdo nuestra 1er Convención allá por marzo de 1990, decidimos Tere y yo hacerla porque ya teníamos 3 oficinas propias, además los institutos hermanos de IPEISA que eran Matamoros, Tamaulipas que en aquel entonces estaba como encargado de la oficina un gerente que acababa de llegar de Panamá en donde se había formado en esto de vender cursos de inglés y de Contratar, Entrenar, Motivar y Dirigir, el Lic. Agustín González, estaba asociado con el Tío Pepe, quien además tenía Monterrey, Reynosa y Tampico, además el tío Luis Bernal en Venezuela que manejaba el mismo sistema pero con el nombre de Sapiens Institute, total los institutos que participaban en esta 1er Convención eran como 7 de México más Venezuela que en realidad solo asistiría el tío Luis y su esposa Ceci, creo que éramos alrededor de 40 personas, no recuerdo cuantos, pero vale la pena que les platique primero algo de la organización. Tere y yo teníamos la experiencia de haber vivido de cerca una convención, fue la Convención Nacional Sertoma en 1985, unos meses antes de abrir el instituto y ya éramos novios, Tere era la secretaria del comité organizador y yo el hijo del presidente del comité organizador así es que estuvimos muy cerca del evento, realmente, me entusiasmó este evento, ver llegar a la gente de todo el país y del extranjero, porque también llegaron invitados especiales, realmente fue muy emotivo y sí nos dejó huella, también porque iniciábamos de novios claro. Entonces, cuando vemos factible hacer una convención de IPEI obvio le propusimos primero a los socios, les pareció muy buena idea, le llamé al Tío Pepe también se le hizo fabuloso, y tanto que al Tío Luis también dijo yo le entro y así le pusimos fecha, realmente queríamos hacerla en enero de 1990 pero Tere y yo estábamos esperando nuestro 2do hijo para el mes de febrero así que la 1er Convención Internacional IPEISA-Sapiens se celebró en el mes de marzo de 1990. ¿Con qué me quedo de esa convención? Recuerdo en la 1er sesión de trabajo mi papá me había dicho que debería mencionar la intención de la convención, se refería a hacer una oración, no supe que decir, estábamos enfrente del grupo, me quedé un tiempo meditando, qué habíamos logrado, era como parte de un sueño hecho realidad, cómo habíamos logrado reunir a tantas personas... se estaban cumpliendo metas; al final le pedí que él hiciera la oración.

    Habíamos contratado al Sr. Ángel Nieto Villegas que dio un tema que gustó mucho, su conferencia recuerdo se trató de un acróstico de ENTUSIASMO, lo que quiero mencionar es algo que nos pasó cuando él llegó, recuerdo que venía de Chihuahua, había salido temprano para llegar al evento, llegó a la hora de comida y nos encontró todavía en el restaurant, ya en la sobremesa, la sesión iniciaba a las 3:00 pm y ya eran como 2:40 cuando él me dice que se iba a adelantar al salón, "ok señor Nieto ahí vamos"... llegamos como 3:30, ¡media hora tarde! Dentro de su plática habló de la puntualidad "Vengo de Chihuahua salí desde las 7 am para llegar a tiempo, Y no se inició a la hora programada, ¿por qué?" esa a sido la ultima vez que iniciamos tarde una sesión de trabajo por culpa nuestra. Con más de treinta convenciones sería interminable detallar cada una, pero si destaco algunos aspectos importantes que fueron experiencias importantes.

Las Vegas 91 marcó el hecho que fue la convención en donde participaron, además de prácticamente las mismas oficinas de la anterior convención, ya gente de Venezuela que llevó mi tío Luis 3 o 4 personas, también asistieron Gerardo Bernal que tenía oficina en Valencia Venezuela y Gustavo Bernal que tenía su instituto en Tegucigalpa Honduras fue un encuentro de dos generaciones como los que se dan en la actualidad. Recuerdo en una de las sesiones de trabajo donde se discutía por qué les daban tanta importancia a las ventas, que en realidad era como una silla con 3 patas: administración, ventas y maestros; quitas una pata y se cae la silla. Alguien comento que en realidad estábamos discutiendo sobre qué fue primero, el huevo o la gallina, que sin ventas no habría que administrar o que sin maestros no habría ventas. De pronto Luis Bernal se pone de pie y comenta "Señores, aquí no hay huevos ni gallinas, aquí lo más importante son ventas, sin ventas no hay nada".

En Mazatlán 92 el equipo de Cd Juárez llegó un día tarde, teníamos el vuelo de Chihuahua a Mazatlán por lo que decidimos hacer el tramo en carretera de Cd Juárez a Chihuahua, teniamos buen tiempo pero nos entretuvimos en algún tramite de la camioneta que era fronteriza, en la carretera se nos pochó una llanta, desde luego perdimos el vuelo, llegamos al día siguiente puntuales a la sesiónelos de trabajo.

En la IV Convención Monterrey 93, que la organiza Juan José desde Torreón, aunque se le dio la cede al tío Pepe que manejaba una de sus oficinas en Monterrey, para estas fechas acabábamos de abrir la sucursal en Tijuana, con Iván Acosta en administración y Carlos Mendívil en ventas, quienes por lo mismo no pudieron asistir, esta convención se destacó porque cada vez que llegaba alguien tarde a la convención siempre la presentaban el tío Pepe o Ernesto Hernández: "Señores, les quiero presentar a Fulanito de Tal que acaba de llegar de Reynosa porque tenia trabajo, o de Tampico porque estaba en contratación, etc. Incluso hasta en una sesión nos dijo Ernesto: Señores pónganse de pie les quiero presentar a la señora fulana que acaba de llegar y que además trae una inscripción. Fue cuando estalló la bomba: Enrique Beckman, quien era uno de los Campeones de Chihuahua les dijo algo que hasta la fecha lo sigo diciendo casi en cada convención: "creo que todos sabíamos las fechas de la convención, a la Convención venimos a trabajar, a conocer gente que se dedica a lo mismo y podremos intercambiar ideas y experiencias y no debimos haber programado ni contratación ni nada, ¡le estamos aplaudiendo a la gente que está llegando tarde! ¡A los que llagaron temprano no! ¡Es increíble! Para la próxima yo voy a llegar tarde para que me aplaudan.

En la convención de Vallarta 2001 se creó el puesto de Gerente Regional (así se llamaba pero era diferente al actual) de hecho habíamos lanzado una convocatoria entre los gerentes divisionales para que mostraran su interés en cubrir dicho puesto, se trataba de visitar oficinas y asesorarlas en la contratación, entrenamiento, motivación y dirección de ventas, les íbamos a pagar directamente de Dirección General. A esa convocatoria respondieron únicamente 2 gerentes: Agustin González y José Luis Campos, y por este motivo los nombramos a los 2, fue un momento muy emotivo pero al final de la sesión se me acerca muy enojado Sergio González confrontándome por qué no lo había ascendido a él, si era el 1er lugar, la respuesta fue que porque no solicito el puesto, él dijo que nunca se enteró de esa convocatoria, no sé si fue así o simplemente pensó que como era el numero uno no se iba a desgastar en mandar una solicitud o a lo mejor esperaría a que yo le llamara ofreciéndole el puesto, con eso se calmó y ya no dijo nada, no sé si esto desató algún rencor de Sergio por esta humillación de no haberlo ascendido, el caso es que fue gestando retirarse de la empresa y formar su propio instituto, se trató de llevar a varios franquiciatarios, después me platicaron Ángel Aguayo y Raúl Saucedo que a ellos les llamaron incluso para hacer el curso ya que decían que no éramos los dueños ya que aparecía en INDAUTOR a nombre de Lilian Chávez, la maestra que nos había ayudado a hacerlo, efectivamente fue un error que se corrigió en su momento, ya que se trataba de una obra por encargo, es decir nosotros le pagamos honorarios por la elaboración del curso, tenía el reconocimiento como autora del libro pero no los derechos de explotación, En realidad fue algo que usó Sergio para convencer a los franquiciatarios, al final se llevó a Jorge Luis Medina y a José Luis Campos. Cuando una persona a la que ofreces tu amistad y además le ayudas a su desarrollo profesional te traiciona, es cuando más duele, pero en fin, hasta aquí llegamos con ese tema.

En una empresa siempre debe haber una declaración de Valores, una Misión y una Visión. La Misión es el propósito, razón de ser y fin de una organización, define lo que pretende cumplir. La Visión es el camino al cual se dirige la empresa a mediano plazo y sirve de rumbo para orientar las decisiones estratégicas de crecimiento. Los Valores son las creencias y conceptos básicos de una organización, forman la médula de su cultura, es un conjunto de elementos que sirven de guía y criterio para analizar y juzgar comportamientos de todos los miembros de la empresa, empleados, comisionistas y franquiciatarios.

Si alguna empresa aun no los tiene es porque es nueva o simplemente no ha crecido lo suficiente como para darse cuenta de que se necesitan. Como ya lo mencioné, en **inglés individual**® nos desarrollaron esta Filosofía los señores Ferenz Feher y Juan Manuel Gallastegui, en una reunión de franquiciatarios en la Ciudad de México en los primeros años de las franquicias:

Misión:

Transmitir cultura a la mayor parte de la población, de la manera más rápida y fácil, al precio más accesible.

Teniendo siempre a la disposición de nuestros alumnos los mejores maestros, las mejores instalaciones, la mejor ambientación, el mayor avance tecnológico existente en materia didáctica y de comunicación, buscando siempre la mejora continua.

Visión:

inglés individual® debe permanecer a través del tiempo y las generaciones como la mejor escuela del mundo en efectividad, calidad y servicio.

Valores:

Innovación, trabajo en equipo, reconocimiento al logro y la excelencia, oportunidades de trabajo sin distinción, integridad y ética.

A Las Vegas 94 ya llegaron las primeras franquicias, Hermosillo, Aguascalientes, Obregón, Culiacán. En septiembre de 1993 había estado en Aguascalientes haciendo aquella contratación que ya les platiqué, era la segunda contratación después de la apertura, estábamos en entrenamiento uno de los días que íbamos a comer Juan Manuel y yo cuando pasamos por la agencia Volkswagen y me llamó la atención un carro modelo Caribe deportivo muy bonito, rines de lujo, pintura especial, faros para niebla y lo tenían en exhibición y se veía muy bonito. En eso me dice Juan Manuel, ¿vio la Caribe?, si claro muy bonita, ¿vamos a verla? Llegamos a la agencia y no teníamos ni un minuto viendo la Caribe cuando, ya saben, llega un vendedor, nos explica todas las maravillas de la Caribita, nos llevó a su escritorio para ver los precios, no recuerdo cuanto costaba, pero le dije a Juan Manuel, unas 3 de contado, no? Claro, no nos pudo vender, pero Juan Manuel se llevó el catálogo y los precios. La franquicia de Aguascalientes llegó a la convención como protagonista del año, de Septiembre a Diciembre de 1993 habían hecho mucho más que otras que habían trabajado desde enero. Estábamos Tere y yo el primer día recibiendo a la gente cuando llega uno de los Convencionistas de Aguascalientes a saludarme porque era de la contratación que yo había hecho, le pregunté por Juan Manuel y me dice, Juan Manuel viene por tierra, ¿cómo? ¿Desde Aguascalientes por tierra? Si, es que me dijo que quería enseñarle un carro que había comprado, me dio mucho gusto darme cuenta de que era aquel Caribe que habíamos visto, eso es lo importante cuando te fijas una meta, tienes la imagen, tienes el precio, calculas cuantas ventas necesitas, qué vas a hacer para lograrlas, Juan Manuel lo había logrado y tenía que enseñarme el carro, por eso se aventó el viaje como de 25 horas desde Aguascalientes hasta Las Vegas.

Las Vegas 94 fue un parteaguas en la historia de la empresa, fue allí donde presentamos la marca **inglés individual**®, **La Cotorra Bilingüe**®, se vendieron como 6 franquicias entre los asistentes, por eso se conoce como la convención de las franquicias, incluso hubo gente que no asistió, pero con toda la efervescencia creada y que llevaron los asistentes a sus oficinas se vendieron algunas más. Para el mes de noviembre de 1997 con la apertura se Sahuayo, Michoacán habíamos logrado llegar a 100 con 12 años operando y a solamente 4 años de haber iniciado en el sistema de franquicias, aquí les pongo la lista completa de las primeras 100 franquicias por orden alfabético para no herir susceptibilidades:

#	Ciudad	Estado
1	Aguascalientes	Aguascalientes
2	Ensenada	Baja California
3	Mexicali	Baja California
4	Rosarito	Baja California
5	Tecate	Baja California
6	Tijuana	Baja California
7	La paz	Baja California Sur
8	Los cabos	Baja California Sur
9	Campeche	Campeche
10	Cd. Del Carmen	Campeche
11	Tapachula	Chiapas
12	Tuxtla Gutiérrez	Chiapas
13	Camargo	Chihuahua
14	Chihuahua	Chihuahua
15	Cuauhtémoc	Chihuahua
16	Delicias	Chihuahua
17	Jiménez	Chihuahua

18	Juárez	Chihuahua
19	Juárez Nuevo	Chihuahua
20	Nuevo Casas Grandes	Chihuahua
21	Parral	Chihuahua
22	Monclova	Coahuila
23	Piedras negras	Coahuila
24	Saltillo	Coahuila
25	Torreón	Coahuila
26	Colima	Colima
27	Manzanillo	Colima
28	Condesa	CDMX
29	Coyoacán	CDMX
30	Durango	Durango
31	Gómez Palacio	Durango
32	Celaya	Guanajuato
33	Guanajuato	Guanajuato
34	Irapuato	Guanajuato
35	León	Guanajuato
36	Moroleón	Guanajuato
37	Salamanca	Guanajuato
38	Silao	Guanajuato
39	Acapulco	Guerrero
40	Pachuca	Hidalgo

41	Guadalajara	Jalisco
42	Ocotlán	Jalisco
43	Puerto Vallarta	Jalisco
44	Tepatitlán	Jalisco
45	Naucalpan	México
46	Texcoco	México
47	Toluca	México
48	Lázaro Cárdenas	Michoacán
49	Morelia	Michoacán
50	**Sahuayo**	**Michoacán**
51	Uruapan	Michoacán
52	Zamora	Michoacán
53	Zitácuaro	Michoacán
54	Cuernavaca	Morelos
55	Jojutla	Morelos
56	Tepic	Nayarit
57	Monterrey Mitras	Nuevo León
58	Monterrey la Silla	Nuevo León
59	Oaxaca	Oaxaca
60	Tuxtepec	Oaxaca
61	Puebla	Puebla
62	Querétaro	Querétaro
63	Querétaro II	Querétaro

64	San Juan Del Rio	Querétaro
65	Cancún	Quintana Roo
66	Cd. Valles	San Luis Potosí
67	San Luis Potosí	San Luis Potosí
68	Culiacán	Sinaloa
69	Guasave	Sinaloa
70	Los Mochis	Sinaloa
71	Mazatlán	Sinaloa
72	Agua Prieta	Sonora
73	Cd. Obregón	Sonora
74	Guaymas	Sonora
75	Hermosillo	Sonora
76	Navojoa	Sonora
77	Nogales	Sonora
78	San Luis Rio Colorado	Sonora
79	Cárdenas	Tabasco
80	Macuspana	Tabasco
81	Paraíso	Tabasco
82	Villahermosa	Tabasco
83	Cd. Madero	Tamaulipas
84	Cd. Victoria	Tamaulipas
85	Matamoros	Tamaulipas
86	Nuevo Laredo	Tamaulipas

87	Reynosa	Tamaulipas
88	Tampico	Tamaulipas
89	Apizaco	Tlaxcala
90	Tlaxcala	Tlaxcala
91	Coatzacoalcos	Veracruz
92	Córdoba	Veracruz
93	Minatitlán	Veracruz
94	Orizaba	Veracruz
95	Poza rica	Veracruz
96	Tuxpan	Veracruz
97	Veracruz	Veracruz
98	Xalapa	Veracruz
99	Mérida	Yucatán
100	Zacatecas	Zacatecas

19 Inglés Individual Network®

Teníamos contratada una agencia publicitaria encabezada por el Sr. Octavio Gasca que contaba con estudio de grabación en la ciudad de Chihuahua, eran quienes nos hacían los comerciales tanto para TV como para radio, todo esto entre 1995 y 1996, incluso ellos se encargaron de toda la producción de la convención de México 1995, después, con ellos mismos, iniciamos el Enlace Bilingüe que era un video informativo mensual que hacíamos César y yo, lo grabamos en sus estudios, fue en esos momentos de grabación de los enlaces cuando salió a la plática la idea de tener un canal de televisión que se dedicara a la enseñanza del idioma inglés, bueno, antes de esto la idea era hacer un video o una historia para que se llevara en los clubs de conversación, asi surgió "Goodbye Fred" nuestra película-curso, que fue, a la postre, el primer programa del canal recuerdo que estábamos Julio César y yo con Octavio Gasca, pero en realidad fue solo una plática, yo lo vi como un proyecto interesante nada más, al poco tiempo ya Octavio nos tenía toda una propuesta que poco a poco se fue haciendo realidad hasta la convención de Mazatlán en 1997 cuando se presentó el proyecto ya como una realidad, esta convención se destacó por esto principalmente, realmente fue muy emotivo ver la reacción de la gente ante semejante proyecto que nos ponía en los cuernos de la luna como empresa y ya como un corporativo.

Quien siempre manejo este proyecto fue Julio César, decidimos hacer nuestros propios estudios ya que los estudios de Octavio Gasca no tenían la capacidad suficiente para realizarlo.

Se necesitaba una inversión de varios millones de pesos, fue cuando conocimos al Lic. Jesús Javier Herrera Gómez quien solamente había platicado con Julio Cesar para que nos manejara el aspecto legal de venta de acciones. Hasta la fecha, el Lic. Herrera es nuestro asesor jurídico y ademas un gran amigo y fue precisamente en una junta de franquiciatarios en la Ciudad de México cuando se propone el proyecto para **inglés individual Network**, S. A. de C.V. ¡Ese día se vendieron dos millones de pesos en acciones entre todos los franquiciatarios!

Con esto fue suficiente para arrancar el proyecto, se siguieron haciendo presentaciones para vender acciones al público en general, los franquiciatarios organizaron en sus ciudades y se hicieron varias, aunque no con tanto éxito como la primera, recuerdo en una de ellas, precisamente en el instituto de Juárez Plutarco, al finalizar la presentación cuando dos de los asistentes se acercan y me dicen que quieren hablar algo en privado, los llevo a mi oficina y me dicen que representan a un grupo de inversionistas de Nueva York y que les interesa el proyecto y que están dispuestos a invertir lo que fuera necesario para sacarlo adelante, ustedes traen un proyecto nuevo, no existe ningún canal de televisión que se dedique a la enseñanza del idioma inglés, existe algunos programas didácticos como lo había sido Sesame Street pero ese era solamente un programa, **inglés individua Network®** se convertiría en el primer canal de televisión en el mundo en transmitir la enseñanza del idioma ingles las 24 horas del día los 365 días del año, quedé de llamarles después, realmente no me inspiraron mucha confianza, lo platiqué con los socios y quedamos que si íbamos a terminar este proyecto no iba a ser con capital ajeno a la empresa, a estos señores nunca les volví a llamar ni ellos me llamaron, pero me hicieron ver el valor real de lo que teníamos entre las manos.

Fue así como se inició la producción de los programas que se iban a transmitir en nuestro canal: English Beat, Goodbye Fred, Spelling Bee, Travelers, etc.

English Beat era la columna vertebral del canal. Era basado en el curso que vendíamos en nuestras franquicias, de hecho, este material nos sirvió para lanzar otro proyecto que más adelante les platico.

Goodbye Fred fue el primer programa que se realizó, era simplemente para crear material adicional para nuestro curso en los Clubs de Conversación, cuando se lanza el Network ya había iniciado Goodbye Fred aunque todavía no con las grabaciones, estas iniciaron hasta que ya teníamos los estudios.

Faltaba algo muy importante, la comercialización de nuestro canal, teníamos ya suficiente contenido pero no teníamos la forma de sacarlo al aire, es decir éramos ya un canal de televisión pero sin canal. César (en la familia le decimos César, en **inglés individual**® le dicen Julio) y yo nos pusimos a trabajar en eso, logramos contratar los servicios de MVS televisión, para transmitir el canal en todos los institutos, tuvimos que instalar antenas parabólicas especiales en cada instituto, fue así como logramos hacer la presentación del canal en vivo a nivel nacional, en aquel entonces requirió de una gran inversión de tiempo, dinero y esfuerzo, nunca pensamos que sería tan fácil hoy en día, así nos convertimos, como dije, en el primer canal de televisión en el mundo en transmitir las 24 horas del día los 365 días del año la enseñanza del idioma inglés, pero no era lo que queríamos, MVS era más bien quien subió la señal y nosotros autorizábamos a la compañía de cable o señal satelital la podía bajar, nos abrió la señal en todos los equipos instalados en México, seguimos buscando opciones y fue Salvador Silvadoray el gerente que tuvimos en Chihuahua, quien realizó una gran labor como supervisor en la apertura de Torreón, y logró levantar Juárez Nuevo ante un inicio flojo visitando su casa en Chihuahua los fines de semana durante 4 meses aproximadamente dejando capacitados a los franquiciatarios Octavio (Pavin) y Alonso de quienes ya he platicado algunas cosas. Pero volviendo al tema de **inglés individual Network®**, Salvador Silvadoray nos consigue una cita en Sky para ofrecerles nuestro canal, teníamos el plan de negocios en donde Sky ofrecería a sus suscriptores un canal de televisión exclusivo, teníamos la cita en la ciudad de México con el director general de Sky, nos recibió el contacto de Salvador, nos dio mucho gusto conocerlo recuerdo que nos dijo algo interesante, "yo ya los conocía, me platicó de ustedes Carlos Mendívil, me dijo que todo lo aprendió con ustedes, que estaban creciendo mucho", en fin, me dio mucho gusto oír eso, pero estábamos en la sala de espera de Sky en la ciudad de México que era junto con DIRECTV la más importante a nivel nacional, si lográbamos conseguir el contrato con Sky estábamos del otro lado, recuerdo que en esa primer cita ya teníamos 15 minutos esperando y recuerdo una regla de oro, "no esperes más de 15 minutos", yo no sé si aplicaba o no en este caso pero me levanté y le dije a la recepcionista en un tono lo más amable que pude, "disculpe señorita, dígale al Lic. que si está ocupado podemos regresar más tarde", se fue adentro de la oficina, regreso como en 2 o 3 minutos y nos pasó. Nos recibió el director a quién le encantó la presentación que traíamos, cabe destacar que el trabajo realizado por todo el equipo de Octavio Gasca contribuyó 100% en esto, entre otros Christopher Jiménez, Paul Castillo, Juanito, Karolina Enriquez, El grupo Sentido Contrario que musicalizaron todos los programas de IIN, un saludo a Eduardo Domingues y compañía. Recuerdo que Eduardo compuso una canción llamada "Que Este Sueño se Haga Realidad" hasta la fecha ha tenido mucho éxito dentro de la empresa, tanto que la encontramos en YouTube, la utilizó un candidato del PRI en su campaña política del Estado de México, tanto éxito tuvo que el mismo compositor Eduardo Dominguez nos pidió autorización para grabarla en un disco que estaban preparando: "Pero si es tuya la canción Eduardo", no pero yo se las di a ustedes, claro que le autorizamos a grabarla , así que por allí la pueden encontrar. También había un chavo, amigo de Paul y de Juanito que les ayudaba en algunos programas, al final del proyecto se encontraba haciendo las grabaciones de un programa que nunca salió al aire, también nos ayudó en la conducción de las sesiones de trabajo de la convención de Puerto Vallarta en el 2001, después de este evento renunció a **inglés individual**®, se despidió de nosotros porque se iba a la Ciudad de México a probar suerte, donde iniciaría una gran carrera artística, hoy por todos conocido, el señor Omar Chaparro, un gusto haberte tenido con nosotros Omar y felicidades por todo lo que has hecho.

Perdón, me salí del tema, estábamos en que al director de Sky le gustó el proyecto, iniciamos una serie de visitas a la Ciudad de México, se alargó mucho la negociación porque nos cambiaron como 3 veces al director, recuerdo que tomaba el avión de Cd. Juárez a las 7:00 am llegaba a México a las 10:20 am ahí me encontraba con César que llegaba de Houston, teníamos la cita a las 11:00 en Sky, después de esto tomábamos el avión de regreso por la tarde, y fueron como 5 o 6 vueltas hasta que el director en turno se sinceró con nosotros y nos dijo que necesitábamos un respaldo de alguna compañía especializada, que realmente era difícil contratar con nosotros porque no nos conocían, nos recomendaron a una empresa que se dedicaba a eso, UNIMIRA, uno de los socios tenía una televisora en Querétaro, fue allí donde firmamos el contrato con ellos para que nos representaran ante las televisoras, porque también nos contactaron con DIRECTV, fuimos hasta Fort Lauderdale en Florida y también visitamos una unión de compañías de cable, creo que en Guadalajara sin éxito, hasta que por fin iniciamos transmisiones a través del canal 818 de Sky mismas que duraron 3 años, de esta forma Sky se convirtió en la primer compañía de TV satelital y por cable en tener un canal exclusivo para clases de inglés, corría 1998 y no fue hasta hace 1 o 2 años cuando lo empezó a ofrecer Dish Latino en USA. Durante el tiempo que estuvimos transmitiendo nuestro canal y lanzamos el proyecto con los franquiciatarios tuvimos muchos obstáculos y aspectos que se fueron juntando, uno de ellos y creo que el más importante fue que nos fallaron los instaladores de antenas de Sky, se vendía el curso **English as It Is®** con la instalación y el servicio de Sky incluido, contratamos una compañía que se comprometió a hacernos las instalaciones en todo el país, pensaron subcontratar en las ciudades donde no tenían cobertura lo cual no se logró, empezaron las quejas de los alumnos que no les habían instalado la antena tanto que incluso algunos franquiciatarios se convirtieron en distribuidores de Sky para ellos mismos hacer sus instalaciones, en la convención de Chihuahua 2000 se presentó el proyecto de **Módulos de inglés individual Network®** que eran institutos más chicos con un aula un laboratorio de idiomas con módulos de estudio y una sala audiovisual, esto como un recurso para tratar de salvar el proyecto, se abrieron muy pocos módulos, uno en Tuxtla Gutiérrez, otro en Zacatecas, y 5 en Cd. Juárez uno en las calles de Henequén y Durango, que era unidad propia, dos más que vendieron Alonso y Betty de Juárez Nuevo por la calle Jilotepec y el otro por la carretera Juárez-Porvenir. Uno que abrieron Carlos y Julia por el rumbo de Los Aztecas y el que abrieron Laura Prado e Iván Moreno, este fue el único que perduró hasta el final cuando se convirtieron en franquicia como tal de **inglés individual®**.

¿Pero cómo termino este proyecto? Realmente nos pasó de todo, sobre todo los gastos tan fuertes que tuvimos y no se pudo despegar, lo que mencione de los instaladores que considero que este detalle fue lo que ocasionó la primera crisis que hubo en la empresa. Después del 1er año de estar transmitiendo por Sky, se habían vencido los contratos con UNIMIRA y con Sky, teníamos que renovarlos, UNIMIRA ya no quiso seguir con nosotros, dijeron que ya no los necesitábamos que tratáramos de renovar con Sky nosotros mismos. Ya sin UNIMIRA, me comuniqué directamente, era el director en turno el Sr. Oscar Cantú, y aunque no me tomo la llamada sí nos dijo la secretaria que el Sr Cantú quería hablar con nosotros, fue otra cita, otro viaje a México. La entrevista con el Sr. Cantú fue muy diferente, nos tenía en la sala de juntas con gente de Mercadotecnia y ventas, le había interesado bastante el proyecto, después de que le contestamos todas las preguntas que nos hizo acerca de **inglés individual**® y analizando la situación contractual, nos hizo una propuesta que no podíamos rechazar, iban a vender publicidad en nuestro canal, este se iba a transmitir en el plan básico, antes era solamente a nuestros suscriptores, tomarían la comisión de ventas más un 50% como abono al adeudo que teníamos con ellos y una vez que se cubriera el adeudo se quedaban con un porcentaje adicional por ventas y el resto para nosotros, esto era fabuloso, nosotros nos quedaríamos con el 100% de la venta de los libros y un porcentaje en la venta de publicidad, solamente tendríamos que mantener la producción de programas que esto no nos preocupaba mucho ya que teníamos varios en producción, uno de ellos el que les platicaba que había grabado Omar Chaparro. Todo parecía maravilloso, prácticamente no nos quedaba mas que sentarnos a esperar los depósitos de los alumnos por el material y el depósito de Sky por la venta de publicidad. Un día no se qué fecha exactamente pero recuerdo que estábamos en el IES de Houston (de este proyecto al rato les platico) cuando nos empiezan a avisar que teníamos quejas de los alumnos del Network que habían recibido un comunicado de Sky que solamente hasta el día último iban a transmitir el canal 818 de **inglés individual Network**®, ¿qué pasó?, ya habíamos hecho un trato con ellos, por cierto estábamos esperando que nos tuvieran listo el contrato nuevo para ir a firmarlo, cuando trato de comunicarme con Oscar Cantú nunca lo encuentro, después de 2 días de estarle llamando en el último intento, como siempre me contestó la secretaria y lo primero que le dije "perdón señorita, acabo de colgar con el Sr. Cantú, se me olvidó decirle algo" funcionó! Me lo pasó directito, "hola Sr. Cantú, ¿cómo está?, ¿qué pasó con el trato que hicimos, porqué avisó que iba a bajar la señal?" "Mire, no sé nada, yo hasta hoy trabajo aquí en Sky, déjeme ver quién se queda en mi lugar y le aviso", hasta la fecha sigo esperando quién se quedó en su lugar, ¿qué pasó? Ya habíamos arrancado el proyecto de los módulos, por lo que tuvimos que implementar equipos de video y el alumno iba al módulo a repasar los videos en VHS, funcionamos, así como unos 5 años hasta que decidimos dar por finalizado el proyecto, quedaban únicamente 2 módulos, el de la Av. Pérez Serna y el de la Jilotepec, a ambos les ofrecimos continuar en **inglés individual**® ya como franquicia, Eva del módulo Jilotepec, dijo que no quería seguir. Iván Moreno y Laura Prado del módulo de la Pérez Serna decidieron seguir como franquicia, hoy continúan en **inglés individual**® Campos Elíseos.

20 INTERNATIONAL ENGLISH SCHOOL®

En 1996 cuando César y Mary nos dicen que se van a vivir a Houston, la verdad nos sorprendieron, fue muy repentino, teníamos 3 años en el sistema de franquicias y todo iba muy bien, "queremos hacer un centro que sirva como campamento de verano en donde vamos a ofrecer cursos de inmersión total, sonaba muy bien, le tuvimos que entrar porque nos ofrecieron como socios, pero ellos podían entrar solos. Todo empezó por la afición a los caballos de César, Mary y, su hija mayor Nathalia, ella tomaba clases en Chihuahua y su instructor era Ricardo Herrera, al rato ya todos tomaban las clases, Ricardo les platicaba sobre los campamentos que había en Canadá principalmente, fue así como fue tomando forma la idea de abrir un campamento de inglés con actividades como equitación, así que se fueron a Houston, desde buscar un lugar adecuado, queríamos un rancho que lo consiguieron, se organizó el primer campamento en el verano de 1997 al que asistieron un grupo grande, entre los hijos de algunos franquiciatarios, nuestros hijos y algunos que vendí en Cd. Juárez. Así se llevó cada verano, y se trató de buscar algunas opciones. Lo que se maneja actualmente, es decir se ofrece una semana en el IES a todos los alumnos de **inglés individual**® que terminen el curso en antes de doce meses, llevó algunos años llegar a esto, decía que se organizaron campamentos como por 3 o 4 años, hubo también cursos de inmersión total de 1 mes, desde luego con el mismo sistema, solo que el alumno veía en un mes lo que en el curso normal se veía en 4 meses, también tuvimos algunos alumnos. Este esquema de la semana en el IES fue el que se quedó, continúa ofreciéndose, aunque igual que los 58 institutos que teníamos operando se tuvieron que cerrar en 2020 debido a la pandemia del COVID19.

21 Lo que Sigue...

La Convención Mérida 2013 fue un parteaguas para nosotros y específicamente para Tere y para mí, veníamos en vuelo de Cd. Juárez a Mérida rumbo a la convención, habíamos tenido un boicot tremendo en donde una gran parte de las franquicias habían declinado el asistir diciendo que estaba muy caro, después supimos que habían hecho su propio viaje de premiación, a ésta convención asistíamos alrededor de 55 personas, veníamos con nuestros hijos Rebecca de 25 años, quién se encontraba en Houston estudiando la carrera de Diseño de Modas, Isaac de 23, él trabajaba ya en una agencia de publicidad en El Paso y también se encontraba estudiando Artes Culinarias y Paulina de 19, también estudiante de Psicología. A algunas convenciones nos acompañaban y en esta ocasión habíamos decidido que los tres fueran a Mérida. Veníamos en el avión platicando con Isaac, en ese tiempo nos habían pasado el manejo de la página web y de los correos electrónicos corporativos, de lo cual se estaba encargando Isaac. De eso precisamente veníamos hablando en el avión "Habla con los franquiciatarios, que te conozcan, diles que te estas encargando de los correos corporativos, que, si no tienen problemas, si los están usando, etc. Es importante que te adentres en la empresa, no quiero que el día de mañana, cuando nosotros nos retiremos no tengamos que presentarte: Señores les presentamos a nuestro hijo Isaac, a partir de este momento es el nuevo Director General de la Zona Norte". Isaac platica que hubo varios acontecimientos en esa convención que lo llevaron a tomar la decisión de entrar de lleno a trabajar con nosotros, él se los platicará, el caso es que ya de regreso a Juárez me dice: "Papá, quiero que me adiestres en ventas y aprender el negocio, voy a renunciar a la agencia, sé que puedo ayudarles" Tere y yo nos quedamos sorprendidos, nos estaba diciendo que dejaría el trabajo en el que lo acaban de ascender y desde luego le iba muy bien, nuestro instituto de Juárez Plutarco iba mal, pero desde luego decidimos aceptarlo y nos lanzamos con todo en su preparación. Realmente no fue difícil, Isaac fue un gran alumno, inmediatamente nos pusimos a trabajar, aunque desde casa, todavía había mucha violencia en Juárez y no queríamos ir cotidianamente a la oficina, sacábamos una cita e íbamos a atenderla. Fue Isaac quien se empezó a meter en redes sociales en publicidad, incluso tratamos de meter a los franquiciatarios en esto de publicidad en redes sociales que hicimos una junta de franquiciatarios con la propuesta, les pareció bien, tenían que pagar una cuota para meter publicidad directa en cada ciudad, después ya no quisieron pagarla diciendo que los prospectos que mandábamos no se inscribían, bueno, el resto de la historia ya la conocen, hoy por hoy la Mercadotecnia en Redes Sociales es la principal fuente de prospectos y creo que seguirá siendo por mucho tiempo. También en cuanto a contratación de personal iniciamos un poco más tarde: Me encontraba yo en una contratación en el instituto de Juárez Nuevo, habíamos publicado el aviso, como siempre, en el Diario de Juárez, como a eso de las 2 o 3 de la tarde me llama Isaac a ver cómo me estaba yendo, bien le dije (siempre contesto lo mismo), cuando le dije que no había llegado nadie a entrevista, solamente me dijo "ahí te marco", al rato me mandó un mensaje con los datos de 2 personas ahí van en un rato estos 2, al rato otro mensaje con otro, se rescató la contratación! Después me platicó lo que hizo se metió a grupos de Facebook a publicar el aviso e inmediatamente le llegaron interesados, ese fue el último aviso que pusimos en El Diario de Juárez.

Todo el 2013 fue de gran desarrollo para el instituto de Plutarco gracias al entusiasmo, las ganas de aprender, la confianza de Isaac tal vez no deba decirlo porque se trata de mi hijo, pero es algo que todos en la empresa saben, gracias a Isaac la empresa se levantó. También en el 2013 llega mi hermano Agustin, quien tenia poco tiempo de haber cerrado su franquicia en Cuernavaca, incluso llega como encargado de la oficina, Isaac aprendió mucho de la gran experiencia de Agustin hasta que le cedió el puesto a Isaac, la verdad es que no podíamos con su energía y dedicación. Hasta antes de la pandemia en marzo de 2020 estábamos realizando más del doble de ventas con 58 franquicias que las que hacíamos con 80 antes de la traición. La meta era levantar Plutarco, le dije a Isaac, si levantamos Plutarco, vamos a levantar la Zona Norte, si levantamos la Zona Norte, se va a levantar todo el país, y así fue, lo habíamos intentado continuamente, incluso habíamos traído un gerente de Venezuela precedido de gran fama, sí demostró algunas cosas, pero no pudo levantar la Zona Norte, al último lo dejamos en Plutarco, pero no pudo hacer nada.

Incluso Julio César contrató un Director de Zona, pero también formado externamente y lo rechazaron sus franquiciatarios, bueno la mayoría.

Todavía en las contrataciones en las ofertas de trabajo, en la parte de Vender La Empresa, seguimos mencionando que no contratamos gerentes, los gerentes se hacen dentro de la empresa. Esto es una de las ventajas que tiene pertenecer a un sistema de franquicias, esto de traer gerentes de fuera, ya lo probamos, no funcionó, nos costó dinero, no lo intenten.

El desarrollo de cada persona depende únicamente de él mismo, puede depender, al principio, de un supervisor o un gerente, pero en algunas empresas, se tiene que esperar a que ese supervisor lo asciendan, se salga de la empresa o se muera para que lo puedan ascender o pueda hacer carrera, en nuestra empresa una persona con capacidad de liderazgo puede llegar a ocupar el mismo puesto del gerente que lo contrató o incluso rebasarlo.

Quiero aprovechar para dejarles algunas charlas que usamos en las contrataciones, tiene que ver con esto que menciono y además considero y me imagino que están de acuerdo conmigo, que la clave de este negocio es formar gente, formar lideres, para que se conviertan en buenos vendedores, y después en buenos gerentes y buenos franquiciatarios.

Si tenemos la meta de ser el primer lugar nacional, tendríamos que tener objetivos y resultados a lo largo del año que nos permitirán lograrlo. El primero resultado podría ser llegar a 20 representantes en la junta diaria en 3 meses, tendremos que analizar qué sucede actualmente, es decir porqué no lo hemos logrado?. Lo primero que pensamos es en la contratacion continua, recuerdo que mi mentor, el Sr. José Bernal siempre decía que la clave esta en la contratacion semanal, tal vez sea muy pesado y desgastante para un gerente que contrate por semana, ademas como que se empalma el seguimiento de la contratacion anterior con la nueva contratacion, es muy cierto, pero si se tiene por lo menos dos gerentes pueden estar alternando cada semana la contratacion. Otro objetivo puede ser lograr contratar grupos grande, no sé pensando en las publicaciones, contratar publicadores, pero creo que este tema esta superado, el gerente tiene que saber contratar para subir de nivel, el objetivo clave esta en cómo lo retengas, en el seguimiento.

Cuatro aspectos del Trabajo. Básicamente el trabajo se divide en: Prospección, Cita, Charla y Cierre. Si logramos que el personal domine estos tres aspectos, tendremos lideres en potencia, porque ese seria el siguiente objetivo clave, convertirlos en líderes. Si no tienes suficientes citas, es decir un mínimo de de 10 citas diarias, quiere decir que no estas prospectando correctamente, tendrás que buscar otro anuncio, crear tu FanPage o censar en alguna escuela, buscar recomendados, algo!. pero si tienes las 10 citas y no te llegan por lo menos 5, algo esta fallando en ese aspecto, hay que analizar cómo estas haciendo las citas o qué personas estas citando, a lo mejor no tiene Potencial económico, Autoridad para decidir o la Necesidad del producto. También si estas dando 5 charlas diarias y no tienes por lo menos una venta, lo mas seguro es que estes fallando en el cierre.

Hay tres características principales que debe tener una persona para ser la mejor el mejor líder y el mejor ser humano. La Primera es que sea muy trabajador, que le guste la chamba, como decimos en México, definitivamente hay mucha gente que fallan en este aspecto (se les llama de muchas formas), no te conviertas en uno de estos. La Segunda es que sea muy honesto, la honestidad y la ética son las cualidades que te van a ganarte la confianza de toda la gente que te rodea, ademas podrás ser muy trabajador pero si no eres honesto te vas a convertir en un ladrón. La Tercera es la ambición, es decir si eres ambicioso, te fijas metas las cumples, piensas en la mejora continua, etc. te convertirás en el mejor líder y ser humano.

No he mencionado, y lo menciono ahora el tema de "Calidad en el Servicio". Cuando fui a visitar el instituto que tenia el tío Pepe en Monterrey, yo en mi carácter de Lic. en Contaduría, incluso antes del viaje a Panamá, para revisar los sistemas de control de su instituto, incluso en aquel entonces hice el trabajo y me regresé a Cd. Juárez a terminar mi carrera, en aquel entonces ni siquiera imaginé que llegaría a tener un instituto. Hice la revisión de los sistemas de control interno, emití mi dictamen y termine mi trabajo como Contador. El tema es que en aquel entonces recuerdo que la Sra Esperanza (la Tia Pera), estaba haciendo una llamada telefónica, "¿Qué haces Esperanza?" Le preguntó el tío Pepe, "llamándole a los alumnos que no están asistiendo" "¡NO!" Le contesto "el negocio está en que no vengan". Allí me di cuenta que era algo así como los seguros de vida, el que no se muere le paga al que se muere. Pero hay algo muy importante, tenemos que darles un excelente servicio a los que acuden porque viene la recomendación y por consecuencia el prestigio. Nosotros, desde que abrimos en 1985, nos hemos afanado en la calidad en el servicio, como lo dice nuestra Misión en la página 85. Recuerdo en una ocasión discutí con Paola, nuestra asistente administrativa, sobre el servicio de café que dábamos a nuestros alumnos y al personal, Paola ponía muy poco y cuando se acababa ya no ponía más, "es que si pongo mas se queda y lo tengo que tirar". Le decía que no importa, que teníamos que dar el servicio, que tenia que llegar alguien y preguntar que si aquí se regala el café, decirle que si que tome su taza... y realmente era lo que queríamos.

    El ingreso de mi hijo Isaac a la empresa fue la magia que necesitábamos, digo magia porque fueron 2 cosas importantes que aportó Isaac? Energía y Juventud. Lo que inició como un boicot tratando de que la convención de Mérida 2013 fuera un fracaso, se convirtió en un parteaguas.

    Desde que inició Isaac fue para él aprender, aprender, aprender. Se asesoró de los expertos, revisó estadísticas para establecer metas, buscó el "cómo si". Cuando Isaac entró a trabajar a la franquicia de Juárez Plutarco (bueno, unidad propia) en 2013 veníamos de un 2012 catastrófico para Juárez, había sido considerada ¡la ciudad mas violenta del mundo! Y habíamos logrado solamente 33 inscripciones en el año. En su primer año de trabajo llevó a Juárez Plutarco de 33 a 151 inscripciones y además logra su anillo de oro con 126 inscripciones.

En 2014 logró, ya como Supervisor, 172 inscripciones para la oficina, ese año asciende a Gerente Comercial. En 2015 fueron 141 y por fin en 2016, Isaac logra la meta de llevar a Juárez Plutarco al 1er lugar nacional con 427 inscripciones, la producción del 1er lugar el año anterior había sido de 233 la cual se rebasó desde agosto. Repite por segundo año consecutivo en 2017 haciendo bi-campeón a Juarez Plutarco y en 2018, 2019 y 2020, 2021, 2022, 2023 lo logra ya con su oficina propia en Chihuahua High Square.

Yo siempre decía que me iba a retirar a los 55 años de edad, ¿por qué?, quería disfrutar de la vida y tener fuerzas viajando para conocer el mundo, irnos a vivir a un ranchito, nombrar a un director general, y Tere y yo estar únicamente en Junta de Consejo. Desde que tenia 50 años ya decía: a caray, faltan 5 años para mi retiro y a ¿quién dejo? Así pasaron los años, yo nunca me imaginé que fuera Isaac el candidato, él traía otras prioridades, pero cuando llegan mis 55 años, justamente en 2016 ya me había cambiado esa idea, Isaac ya había logrado el primer lugar nacional en Plutarco, ¡Ya me podía retirar! pero al ver lo que estaba pasando en la empresa, me cambió la perspectiva, ahora pienso trabajar en esta empresa hasta que Dios me preste vida y salud. El año 2020 con la pandemia, nos cambió la perspectiva a todos, específicamente Tere y yo ya no pensamos en llegar otra vez a 100 en Mexico, ya queremos abrir franquicias en todo el mundo, la posibilidad aumentó, gracias a las redes sociales, actualmente en base a los resultados, encontramos un gran mercado en Tucson, Phoenix, Miami, Dallas en USA y varias en

Canada. Justo en el momento de escribir estas lineas, ademas de Houston y El Paso, tenemos operando una franquicia en la ciudad de Panamá con Hugo Enrique Gonzalez y otra en Medellin con Mauricio Galindo, ya esta firmada la carta de intención para San Salvadora a cargo de Zahid Vela. Hay inversionistas y franquiciatarios interesados en crecer con nosotros. Tal vez exista otro modelo de negocios diferente aunque el mismo modelo de franquicias a evolucionado, en donde ahora el franquiciatario no nada mas necesita el capital sino tener ya una unidad operando en sociedad con los mismos franquiciantes o algún franquiciatario. Hay un proyecto para los franquiciatarios, una Membresía que les permitirá abrir unidades sin necesidad de una cuota inicial de franquicia

La historia aún no termina, la segunda generación ya es una realidad, ellos tienen una gran ventaja sobre nosotros: Tienen toda su vida en esta empresa.

Muchas gracias a todos y que Dios bendiga a **inglés individual**®...

www.ingramcontent.com/pod-product-compliance
Lightning Source LLC
Chambersburg PA
CBHW070240220526
45465CB00004B/1465